占領ノート

一ユダヤ人が見たパレスチナの生活

エリック・アザン＝著

益岡賢＝訳

制作協力：パレスチナ情報センター（安藤滋夫）
ナブルス通信

現代企画室

◆ヨルダン川西岸

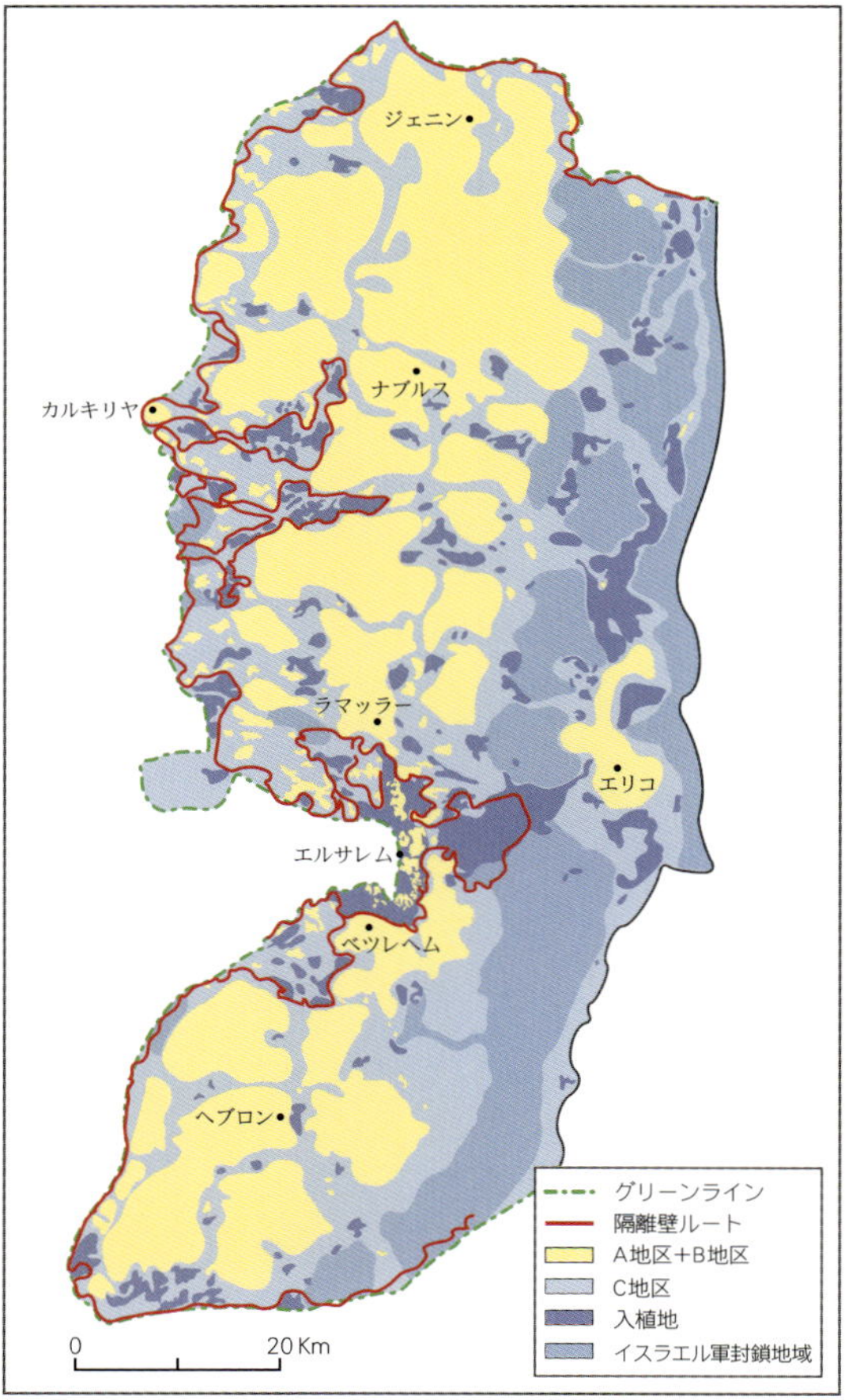

A地区：行政権、警察権ともにパレスチナ（ヨルダン川西岸の17.2％）
B地区：行政権がパレスチナ、警察権がイスラエル（同23.8％）
C地区：行政権、警察権ともにイスラエル（同59％）
（オスロ合意に基づく区分け。割合は2000年のデータによる）

占領ノート　目次

（凡例）

・本書は、Eric Hazan "Notes sur l'occupation: Naplouse, Kalkilyia, Hébron" La fabrique éditions, 2006 の翻訳である。著者および原著についての詳細は、訳者あとがきを参照のこと。

・本文中に［ ］で示すものは原注である。

・訳注は、短いものは本文中の〔 〕に割り注で示し、長いものは対象語に＊を付して、当該頁の見開き左端に解説を載せている。

・本文中の写真およびスケッチはすべて著者 Eric Hazan によるもので、原著のものをそのまま使用した。ただし、地図などのスケッチには適宜日本語を補った。

・本扉裏、次頁、各章扉裏、解説内に掲載した地図は、日本語版のために制作したものである。日本語版で制作した地図については、「クリエイティブ・コモンズ：表示-継承 2.1」（http://creativecommons.org/licenses/by-sa/2.1/jp/）の下でライセンスされおり、条件に従って自由に再利用することができる。地図の著作権は「現代企画室『占領ノート』編集班／遠山なぎ／パレスチナ情報センター」に属する。地図データは、パレスチナ情報センター（http://palestine-heiwa.org）よりダウンロードできる。

ミシェル・ワルシャウスキーは私のこの計画を激励し、いつもながらの正確さで私の旅を手配してくれた。彼、そしてエイアル・シヴァン、サブリナ・ベルカンヌ、ステファン・パサデオス、ジョエル・マレリーは草稿に目を通してくれた。最終稿のかなりを、彼ら彼女らの批判と親しみのこもった示唆に負っている。

本書の本当の著者は、パレスチナで私を迎え、案内してくれた人々、私を信頼し、質問に答えてくれた多くの人々である。彼の地の神々皆のご加護が、これらの人々にありますように。

まえがき

諸君も承知、われらも知っているように、この世で通ずる理屈によれば正義か否かは彼我の勢力伯仲のとき定めがつくもの。強者と弱者の間では、強きがいかに大をなし得、弱きがいかに小なる譲歩をもって脱し得るか、その可能性しか問題となり得ないのだ。

トゥーキュディデース『戦史』巻五（八九）アテーナイ人、メーロス島の住人に

（久保正彰訳・岩波文庫より）

このノートを取ったのは二〇〇六年の五月と六月、パレスチナで行なわれた選挙でハマスが勝利を収めてからまもなくのことである。この時期、ヨルダン川西岸は平穏で、殺される若者は一週間に五、六人といったところだった。イスラエルの巨大な軍官複合機械が日々どのように動いているか――この事態は「占領」というかなり曖昧な言葉で呼ば

れている――この目で見るために、私は耳に入った様々な情報をもとに、ナブルスとカルキリヤ、ヘブロンを訪問先に選んだ。歴史も、場所も、封鎖のされ方も異なる三カ所だった。

旅から戻ってまもなく、占領軍に対するレジスタンスの行動に自尊心を傷つけられたイスラエルの戦争機械が大攻勢を加え、すでに破壊されていたガザ、そしてレバノン南部を徹底的に破壊し、大量の人々がそれらの地から流出し、数百人が死亡した。突然、パレスチナはメディアから消え失せ、かわってイスラエル軍の報道官や人道的時間稼ぎの専門家、ライス米国務長官、地政学屋たちの発言がメディアを席巻した。

処罰、浄化、最終解決。これらは、神聖同盟に参加する首相や大統領、将軍たちの発言の中で変わらず観察される特徴、強迫観念となっているテーマである。バグダードとボビニィ〔セーヌ・サンドニ県の県庁所在地〕、ラファを見てみると、文化や事情が違うにもかかわらず、類似性が目につく。迫害者にとっては、ことを荒立てず、できれば沈黙を守る者たちだけが、善良なる被弾圧者である。圧政に苦しむ人々が立ち上がると、奴らは我々の価値をわかっていないとか、扇動に乗っているとか、理由もなく暴力に訴えているとか、テロ組織の一員となったなどと言い始める。いずれにしても、悪いのは奴らだ、というわけだ。

そこから、パレスチナ人の悪評が広められる。しかしながら、実際のところ、パレスチナには平穏な状況など存在しない。軍事占領下に置かれている状況でヨルダン川西岸地区とガザに日々を暮らす人々は、四〇年にもわたって続く集団的懲罰の中、ときに忍耐強く、ときに忍耐を切らしつつも、何とか生活を維持してきた。そこにあるのは、イスラエル＝パレスチナ紛争というものではなく、植民者と占領軍に対してできるだけの抵抗を行なう人々である。〈西洋民主主義〉諸国、アラブ各国政府、そして自らの指導者の一部さえ占領軍と共謀している中で抵抗を続ける人々がそこにいる。

支配的な言説は、現実の状況を曖昧にしてきた。これらの言説は、ガザの破壊と、イスラエルに切り刻まれ併合されてゆく西岸の状況、そしてレバノン侵略の間にある関係を隠蔽しようとしてきた。また、レバノン南部の住民とパレスチナ人の双方に降りかかる恐ろしい運命を、シーア派とスンニ派の対立という物語の陰に隠蔽してきた。さらにとりわけ、中東に現在見られる荒廃の元はイランやシリアやそのほかの場所にあるのではなく、抑圧されたパレスチナという大鍋がすべての元にあるという事実を隠蔽してきた。このノートでは、パレスチナという大鍋の熱と緊張を伝えたい。

二〇〇六年八月

I. ナブルス／ Naplouse

ナブルス周辺図

国連OCHA Closure Maps 2007に準拠

入植地

検問所

道路封鎖（土盛り、ブロック、ゲートを含む）

ラッマラーからナブルスへ通ずる道。ナブルスの入り口に設置された検問所は夜で人気《ひとけ》がなく、その意志さえあれば誰でも、ナブルスに住む悪人たちのところに行くことができた。ナブルスの悪評は昨日今日に始まるものではない。一九三〇年代の末、アラブ蜂起の時代に、すでに、「ナブルスは石鹼の村、ナブルスはお菓子の村、ナブルスは反逆者のたまり場」と歌われていたし、インティファーダが始まってから、メディアはナブルスを「テロリストの巣窟」と呼んだ。イスラエルの占領軍がナブルスに懲罰を加えるやり方は、西岸をはじめ他のどの場所でもほとんど見られないようなものだった。ナブルスは、壁も有刺鉄線も監視塔もなしに、包囲されていた。

ナブルスの町は深い谷の底にある。幹線道路は検問所により町の両端で封鎖されていた。ラッマラーとエルサレムへ通じる南側の道はフワーラで、カルキリヤとジェニンへ向かう北西側の道はベイト・イーバで。近隣の村々に通じる小さな道は、イスラエル軍が監視しているものもあれば（町の周囲には軍の検問所が七カ所ある）、コンクリート・ブロックや金網でふさがれている道もあり、もっと小さな道では土を盛ったり溝を掘ったりして通行が妨げられていた。

私に宿を提供し、ナブルスの案内役もつとめてくれたYの家のテラスから、闇を通して、村を見下ろす二つの山の頂にイスラエル軍の

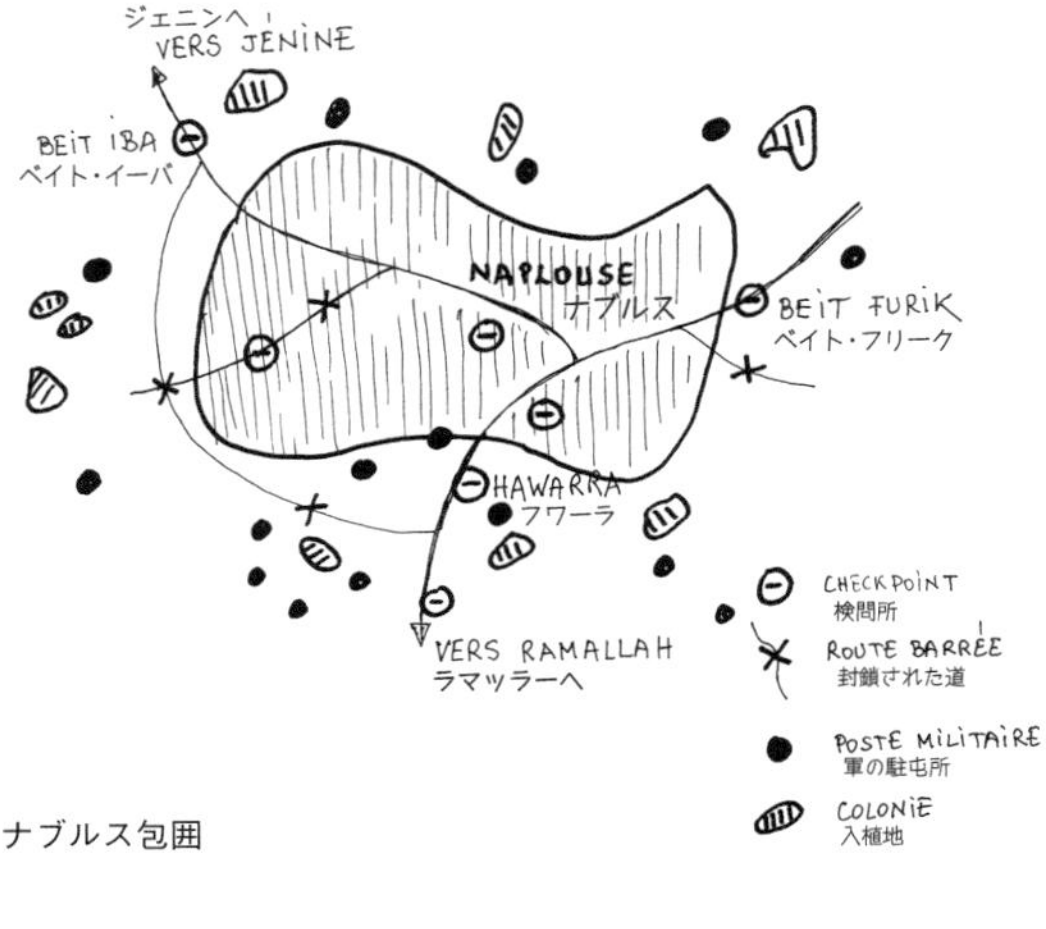

ナブルス包囲

キャンプが出す光と高いアンテナが見えた。山の斜面には、村の最後の建物とキャンプのあいだに、家も草木もないセキュリティ・ゾーンが大きく広がり、投光器に照らされていて、道路に置かれた検問所を通らず道なき道を通って村を出ようとする人々を撃つことができるようになっていた。

三〇歳以下の若者たちは検問所で一貫して追い返される（現在の状況である。以前は、一六歳未満の少年と五〇歳以上の既婚男性だけが検問所を通ることができた）。そんなわけで、二〇〇二年春にヨルダン川西岸が再び占領されてから、一六万人にのぼるナブルス住民の多くは一度も町から外に出ていない。

谷の一番底にある旧市街（カスバ）では、二〇〇二年四月に加えられた破壊は一様に広がっているのではなく、市街地のあちこちに散らばっていた。というのも、ジェニンの難民キャンプを破壊したときとは違い、装甲ブルドーザーでさえ、カスバを全面的に破壊することはできなかったからである。イスラエル軍がダイナマイトで破壊したのは特に古い家屋だった。市街地にできた空地の前で、人々は私に、ここは集会所だった、そこは古くからある石鹸工場だった、そこは何世紀も前から続く有名な邸宅だったなどと教えてくれた。がれきの中には、国際組織が被害を修復するためにやってきたことを示す看板があちこちに立っていた。実際には、破壊は今も毎日続いている。イスラエル軍は毎日夜になると町に「侵入」し、軍の車両――ナブルスの人々はジープと呼んでいるが実際には巨大な装甲軍用車だった――が路地や市場《いちば》を突き進んで進路上にあるものすべてを破壊していく。いたるところでその被害と銃痕が目につく。壁には一面に「殉教者*」[私自身はこの言葉を好まない]の顔写真が貼ってある。陽の光でほとんど読めなくなっているポスターもあれば、おそらくつい先週貼られたと思われるものもある。ナブルスに住む人々は、誇らしげに、ナブルス出身の犠牲者はジェニンの犠牲者よりも多く、イスラエルの刑務所に拘束されている一万人のうち二〇パーセントはナブルス地域の出身であると語る。

朝七時、地元のラジオがアン・ナジャハ大学から町のニュースを報じ始めた。検問所の天気予報、前日の晩にバラータ難民キャンプ――郊外にある――や旧市街にイスラエル軍が加えた「侵入」……。アナウンサーの口調はしばしば皮肉たっぷりだった。今朝（二〇〇六年五月三一日）はこんな調子である。「こんにちは、ナブルスの皆さん。こんにちは、ガス不足につけ込んでガスボンベの値段を三五シェケルから四五シェケル〔一シェケルは約三〇円〕に値上げしてボロ儲けしているガス商人の皆さん。こんにちは、パレスチナの人々を搾取している皆さん！」

＊「殉教者」はアラビア語の「シャヒード」の訳であるが、「シャヒード」は大義に殉じて命を落とした者を指し、パレスチナでは宗教に関係なく、イスラエルの政策によって殺された者を「シャヒード」と呼ぶ。

現地で私を迎えてくれたYはフランス人だが、ナブルスが第二の故郷である。彼はダーナ（「私たちの家」）という組織を創設した。ダーナはナブルスと近隣のキャンプで活動する約四〇の組織をまとめ、方針を考える組織である。短期滞在のボランティアによる英語教室を行なう組織もあれば、デッサンの展覧会を開いてキャンプの子どもたちを支援する団体もあり、破壊された家を修理したり、東エルサレムとヨルダン川西岸の若者たちの交流を促す団体もある……。ダーナはまるでNGOらしくない。高い給料をもらって四駆を乗り回すスタッフもいないし、高官の訪問を受けたり、些細なことを大仰に議論することもない。ダーナはレジスタンスの場である。Yの母語はアラビア語で、昼夜を問わず徒歩でどこにでも出かける。彼が歩いていると、出会う人のほとんどが彼に挨拶する——毛沢東言うところの水の中を泳ぐ魚である。

激しい軍事対立のとき以外、イスラエルの占領軍が日中、ナブルスに侵入してくることはない。軍の車両が町に侵入しようとするとすぐに石が飛んでくる。けれども、兵士たちは毎日、夜になると町に「侵入」してくる。あるときは、旧市街——迷宮のようになっていて、追放された人々が隠れるのに好都合である——に、またあるときはバラータとアスカルの二大難民キャンプに。毎晩、銃撃音が聞こえる。イスラエル軍の重兵器はブーム＝ブーム、パレスチナ側の小銃はタッ＝タッ。分別のあるナブルスの住人は、夜一一時以降は外に出ない。というのも、パレスチナ人を装ったイスラエル軍特殊部隊が標的の暗殺や誘拐などの作戦を行なっており、それに出くわすのはまずいからである。実質上、外出禁止令が布かれている。

バラータ難民キャンプにて　ハマス（一）

ナブルスの南西にあるバラータ難民キャンプには二万人の難民——および一九四八年*

に難民となった人々の子孫——が暮らしている。ほとんどはヤーファかリッダかハイファ〔いずれも現在イスラエル領となっている都市。〕の出身である。ハマスのバラータ難民キャンプ委員会メンバーであるSが私たちを迎えてくれた。

——キャンプと町の人々の関係はどうですか？

「良好です。私たちも町の人たちも同じ困難を抱え、同じ目標を持っているからです」

「それから、レジスタンス内部の団結について長々と演説が続いた。アミラ・ハス[**]が『英雄的大言』と述べたものの見本だった」

——私がこれをお聞きしたのは、昨年、ラッマラーに行ったとき、住民とアル・アマリ・キャンプの人々の関係がどうもよくないようだったからです。ここではどうですか？

「キャンプと町には対立があります。ナブルスの人々はキャンプの困難をほとんど考えていません。どうして難民に場所を提供し、水道代と電気代を支払わなくてはならないのかと思っているのです。とりわけ、キャンプのほうが町よりもはるかに戦闘的なので、町に住む人の多くが私たちのことを過激派だと思っています。自分たちを面倒に巻き込む危険分子と考えているのです」

――キャンプは生活機能全般をUNRWA［一九四九年以来、パレスチナ難民を扱う国連の機関］に依存しているのでしょうか、それともナブルス市やパレスチナ自治政府の支援があるのでしょうか?

「一九八〇年代までは、UNRWAがキャンプに住む人々の必需品、教育、保健衛生など、すべてをまかなっていました。キャンプに水をひき、下水道を設置したのもUNR

＊　イスラエル建国に伴い、七〇万人を超えるパレスチナ人が家や村を追われて難民となり、西岸やガザ、近隣諸国に離散した。

＊＊　イスラエルの中道紙「ハアレツ」の記者。イスラエルの記者として、ただひとり占領地（かつてはガザ、現在は西岸）に住み、占領が引き起こすパレスチナ人の苦境や政治的問題をレポートしている。著書に『パレスチナから報告します――占領地の住民となって』（くぼたのぞみ訳、筑摩書房、二〇〇五年）などがある。

WAです。学校の子どもたちに昼の給食を提供してさえいました。けれども、第一次レバノン戦争のときに、UNRWAの支援は大幅に減りました。例えば、今では、保健衛生への補助が減ったため、人々は医療費の四分の一から半分を自分で支払わなくてはなりません。食料の供給も、ときおり緊急援助がなされるだけになっています。

ナブルスの役場は水と電力を私たちに提供し、私たちがキャンプの入り口に捨てるゴミを回収しています」

――UNRWAの支援が減ったのはどうしてですか？

「UNRWAに対する最大の出資国は米国です。米国は政治的理由から拠出金を大幅に減らしました。難民に圧力をかけ、ますます外部に依存させて、さらに弱い立場に追い込むためです」

――バラータのような難民キャンプはパレスチナの選挙にどのように参加したのでしょうか？

「難民たちは、地方選挙には参加しません。バラータでも、パレスチナのほかの難民キャンプでも同じです。けれども評議会議員選挙では投票し、代表を送り込むことができました。選出されたばかりの議会には、難民キャンプ出身の議員が二人います（難民キャンプが選んだのではなくキャンプ出身の議員）。一人は女性でハマスから当選し、もう一人はファタハの全国名簿から選ばれました」

——最近、キャンプの様子はどうですか？

「先週一週間に、三人の若者が殺され、数人が負傷し、逮捕されました」

——いつもそんな感じなのでしょうか？

「そうです」

私たちはキャンプの中を散歩に出かけた。私が知っているほかの難民キャンプと同じようだった。町はずれにあり、キャンプに通ずる荒れた道よりもさらにいっそう荒れている。イスラエル軍のブルドーザーと戦車のためにひどく壊され、建物という建物には銃

「家の鍵」(バラータ難民キャンプの子どもが描いたイラスト)

痕が残っている。

——(歩きながら)ハマス政府に対するボイコットはキャンプの生活に悪影響を与えていますか?

「(丁寧に)ハマス政府ではありません。パレスチナの人々が選出した政府です。生活は、間接的に影響を受けています。このキャンプには少なくとも一〇〇〇人の自治政府職員がいますが、ここ三カ月、給料を受け取っていません」

——ここで生まれたのですか?

「そうです。でも、故郷《ふるさと》はここではありません。故郷はヤーファです。父は、死ぬ前に、ヤーファにある自宅の鍵を私に託しました」

ナブルスを見下ろす山の頂上に、ふいに予想外の建物が現れた。パラディオ〔ルネサンス期の建築家〕のヴィラ・ロトンダ〔ヴェネチア郊外にあるパラディオによる建築〕の実物大コピーである。一九世紀の裕福な英＝トルコ商人が夢見て建てたものかと思うかもしれないが、そうではない。ナブルスの大家族で億万長者のマスリ家が最近建てたものだった。どうやら本当のことらしいのだが、イスラエル軍がこの場所を占拠しようとしていたらしい。そこでこの億万長者はそのヴィラをヤセル・アラファトに寄付し、パレスチナの来賓が滞在するために使ってもらうようにしたとのことだった。

マスリ家のヴィラ・ロトンダ

ハマス（二）

フランス文化センターで働いているHに、ナブルスに映画館がないのは市長がハマスだからかどうか聞いてみた。

「まったく違います！　町にあった三つの映画館を焼き払ったのはアル・アクサー団〔PLO主流派ファタハ系の武装組織〕です」

――けれども、アル・アクサー団は世俗のグループではないのでしょうか？

「そうではなく、単なるごろつきです。路上で武器を誇示しているのはアル・アクサー団だけです。どの地区にもグループがあり、危険な輩《やから》が参加していますが、このグループはアル・アクサーの本当のレジスタンスでさえありません――本当のアル・アクサー団メンバーは殺されるか投獄されるかしていますから。少なくとも西岸では、ハマスは路上パレードを行ないません。とりわけ、武器を持って路上をパレードすることはありません。ハマスの市長が文化センターのコンサートや映画上映を妨害することは一度もありません。

ませんでした」

ハマスはナブルスの地方選挙で七七パーセントの票を得て、一五の市議会議席のうち一三議席を獲得した。市長──ナブルスでメルセデスのディーラーをやっている──の人柄を悪く言う人は一人もいない。数週間前、ダーナで働く若いドイツ人がしばらくのあいだ誘拐されていたことがあった。このとき、市長がセンターにいる外国人にたった一人で会いに来て、「ここに居続けてください。身の安全がご心配ならば、私の家で暮らしてください」と言った。同じとき、「国境なき医師団」や「世界の医療団」は巨大な四駆に荷物をまとめて逃げ出そうとしていた。

パレスチナに来る前、ミシェル・ワルシャウスキー*は私に、「ハマスの地滑り的大勝利」

＊　一九四九〜。エルサレムのオルタナティヴ情報センター（http://www.alternativenews.org/）を主宰しているイスラエル人。著書に『イスラエル＝パレスチナ民族共生国家への挑戦』（加藤洋介訳、柘植書房新社、二〇〇三年）などがある。

と言うとき、一般に、パレスチナの議員選挙では二種類の投票が行なわれたことが忘れられていると言っていた。一つは全国区名簿にもとづく比例投票で、もう一つは地方区選挙（フランスの地方選挙に相当する）である。比例区では、ハマスは過半数をわずかに超えただけだった。ハマスが大勝利を収めたのは地方区だった。パレスチナの人々は、地方区で、ファタハの候補を一人また一人と、拒否した。私が出会った人々のほとんどは、自分は「どちらかといえばファタハ支持」──ときには「強固なファタハ支持」──であるが、今回は、イスラエルに協力したりひどい汚職で悪名を馳せているあの有力ファタハ候補の再選を見たくないためにハマスに投票した、と語った。

路上で、選挙ポスターを目にした。候補が飛行機の前でポーズを取っていた。ファタハ古参の幹部で、しばらくのあいだ、ガザ地区の空港を監督する地位にあった。彼のキャンペーンは、私は資金を悪用していない、金庫の金をすべて使い果たす新人にではなく私に投票を、というものだった。

一族の連帯

朝、アパートを出ようとすると、その地区の家々の管理責任者が私たちに挨拶してきた。Yによると、彼の妻はアン・ナジャハ大学で授業を取っており、授業料は三カ月で五〇〇シェケル〔約一万五千円〕以上だという。家族には二人の子どもがおり、何とか暮らしていけるのは、ヨルダンと湾岸にいる親族が生活費を送ってくるからだという。一九四八年に村々を追われた親族は、難民キャンプの中でもふたたび集まっている。バラータでは、「N一家」の地区とか「Z一族」の地区などがある。パレスチナの人々――とりわけ包囲されたナブルスの人々――の生活が極端に悲惨な状態に陥らずにすんでいるのは、主に親族の連帯のためである。選挙キャンペーン期間中に、ファタハは「ハマスに投票すれば国際社会の支援が得られなくなる」と言って人々を脅そうとした。人々は親族の連帯に頼って暮らしており、国際社会の支援を得たことはないので、このキャンペーンは笑いものになった。Yの家のテラスにときおりウィスキーを飲みに来るAは、貧しい親族のために海外の親族に助けを求めることを得意としている。どれほど遠い親戚であっても、パレスチナにとどまる親戚を支援するのは義務である。

もっと顕著な例もある。Yと同じアパートにすむ「大ブルジョアジー」――非の打ち所のない服を着て、ワックスで磨き上げられた靴を履いている――は、サウジアラビアにまるまる一つの町を作り上げ、ヨルダンにも財産を持つ一族の一員である。ナブルスに残っているのは彼一人で、親族が彼に提供する支援のおかげで、彼は木工場を三〇パーセントの操業状態でも続けることができ、そこで働く三〇人の職員とその家族の生活を支えることができる。

中心街で、二人の商人を訪問した。一人は地元農産物（オリーブ・オイルやフルーツ・シロップ）を扱い、もう一人はチョコレートを扱っている。二人ともエアコンと最新型のコンピュータを備えた現代的な事務所にいた。Yは彼らに、イスラエルではなくヨルダンを通して輸出を行なうよう助言している。Yによると、二人は別の場所で二〇倍の収入を得て良い暮らしができたのに、ナブルスにとどまることを選んだという。政治的な意図があるわけではなく、生まれ育った町に愛着を持っているためだった。

我らが時代の英雄

バッサム・シャカアは一九七〇年代にナブルス市長を務めていた。イスラエルの占領軍は彼を屈服させようとあらゆることを試み、最後に、シャカアの車に爆弾を仕掛けた。このテロ襲撃によってシャカアは世界的に有名になったが、両足を失った。彼は次のように語った。

「私は裕福な家庭に生まれました。家族の誰も農業には関心がなく、家族の土地を耕す小作人と一緒に時を過ごしたのは兄弟姉妹の中で私だけでした。パレスチナの大義に関心を持ち始めたのは、そのときです。一九四八年、ナクバのとき、私は一七歳で、高校生でした。勉強をやめてパレスチナ人戦闘部隊に参加しました。パレスチナの敗北後、アブドゥッラー国王とイスラエルのあいだで密約［ヨルダン川西岸をアブドゥッラー国王のものとするかわりに一九四八年の戦争でヨルダンはエルサレム以外には軍隊を参加させないという密約］が交わされていたことを知り、また、西洋諸国の親イスラエル的な態度もあって、私は、当時アラブの団結を提唱していたバース党に入党したのです。

一九五四年から一九五七年まで、イラクを正真正銘の植民地にしようとするバグダード協定を無効にすることに成功しました。ヨルダンと英国の共謀を相手に闘ったのです。一九五五年、ヨルダン議会に複数の議員を送り込み［一九四九年から一九六七年まで西岸はヨルダンの支配下にあった］、ヨルダン政府にエジプトとシリアとの同盟を強化するよう圧力をかけました。団結の兆しが見えたものの、西洋諸国とイスラエルの策謀に耐えられるほど強くはありませんでした。一九五〇年代の末、フセイン国王［祖父のアブドゥッラー国王が暗殺されたあとにヨルダンの国王となった］のもとでヨルダンは米国の衛星国となり、民主的な諸政党の弾圧が始まりました。たくさんの仲間が投獄され、粛正されました。私は地下に潜り、一九五七年から一九五九年にはナブルスの町と村々で党の細胞として活動を続けました。

一九五九年、この地域の同志とともに、ベイルートで開催されたバース党の総会に参加しました。そのとき、一部の勢力が党から分離しようとしていることを知りました。親ナセル派*と、ナセルとは袂を分かちたがっている派閥があったのです。私たちは、アラブの団結こそが重要だと考えていました。シリア支部とイラク支部が分裂したとき、私たちはバース党を離れ、党の外からアラブの団結のために闘い続けました。一九五九年から一九六一年まで、私は数人の同志とともにシリアにとどまりました。ヨルダンを経由してパレスチナに戻ることはできませんでした。すべてが閉ざされ、私たちは追い回

＊　ガマール・アブドゥン＝ナセル。一九一八〜七〇年。エジプトの軍人・政治家。一九五六年から七〇年までエジプト大統領。アラブ民族主義を提唱。

される身に置かれたのです。シリアでは、党の再団結を目指して休みなく働きましたが、まもなく私は投獄されました。やはり党の活動家だった妻が出産した直後に、私は病院で捕まったのです。シリアから追放されてカイロに政治亡命し、三年間をカイロですごしました。それからフセイン国王が恩赦を発布したので、戻ってくることができたのです。

一九六六年、イスラエルがサム村を攻撃したあと、私はふたたびヨルダンで投獄されました。このときは兄弟三人も投獄されました。私は、当時禁じられていたパレスチナ自治を擁護する戦闘的な人物として知られていたのです。一九六七年、イスラエル軍が西岸を占領したとき、私はほかの人々とともに人民抵抗委員会を結成しました。イスラエルは私を拘束しヨルダンに追放しようとしましたが、当時ナブルス市長だった叔父が介入したため、私は追放をまぬがれました。一九六七年以降、私はパレスチナの団結のために、PLOをパレスチナの代表と認めさせるために、そしてイスラエルの提案、つまりパレスチナ西岸を保護領化することに反対して活動を続けました。オスロで合意されたこと——

イスラエルの政策を担当するためのパレスチナ政府――に、私はずっと反対し続けてきました。

一九七六年、イスラエルは、西岸での市議会設置を認めました。自分たちの政策を適用させるためでした。私はその選挙をボイコットすべきだと思っていましたが、同志の圧力に譲歩して選挙に参加し、ナブルス地区で議席を得ました。西岸とガザのいくつかの町で、民族団結と対イスラエル協力拒否を主張する政策を唱え、議席を得ました。イスラエルに従属するミニ・パレスチナ国家を作ろうという計画を挫折させることに成功したのです。キャンプ・デービッド合意［一九七八年にイスラエルとエジプトが交わした和平合意］のとき、イスラエルに従属する国家を作れという圧力はとても強まりました。様々な政党や組合、グループと一緒に運動を組織して抵抗したため、イスラエルは自分たちの法を押しつけることはできませんでした。私たちはまた、イスラエルに依存しない経済を立ち上げるために活動し、ナブルスと周辺地域の電化キャンペーンを始め、自分たちで水道会社を始めました……。

西岸にはイスラエル軍の軍令や軍法が一二〇〇もあります。私たちはそのどれにも従いませんでした。たとえば、学校を建てることは禁止されていますが、学校を建ててきました。市の予算はイスラエルの銀行を通すことになっていますが、それも拒否しました。一銭たりともイスラエルには行っていません。

市がこうした行動を採った結果、イスラエルは私に圧力をかけるために家族をひどい目にあわせると脅迫してきました。娘の一人が投獄されました。イスラエル軍司令官が私に会いに来て、『逮捕されたのが自分の娘だとどうして私に知らせなかったのか』と訊ねてきました。『投獄されている若い娘が彼女一人だとお考えですか？　イスラエルの監獄には若い娘が何十人も投獄されているのです』と私は答えました。息子も三カ月にわたって投獄され、監獄から出るために罰金を払うよう言われました。それを拒否したため、釈放されませんでした。私たちはナブルスで石鹼工場を運営しています。イスラエルは油の入手を妨害し、ヨルダンにある銀行口座を凍結しました。友人たちは、私を訪問したというだけで、家族もろとも嫌がらせを受けました。

一九七九年、イスラエルは私を逮捕し、国外追放する決定を下しました。そのとき大きな反対運動が起こりました。色々な活動を行なっている団体や、スポーツ・クラブ、商工会議所、労働組合、市議会議員の指導者たちが一斉に辞任すると発表したのです。イスラエルは私を追放することをあきらめざるを得ませんでした。彼らは私が市長職を辞任すれば平穏に暮らせるよう保証すると言いました。彼らに市議会の意見を聞くよう言いました。私を追放するときには赤十字が付き添うことになっていました。赤十字に、戦争犯罪に共謀して恥ずかしくないのかと問いただしたところ、赤十字は謝罪しました。最後に、一四日にわたってハンガーストライキを決行し、イスラエル軍は私を釈放しました。

当時のイスラエル国防相エゼル・ワイツマンは、報復のために私に身体的な暴力を加えると脅していました。彼には、どうしてそんなことをするのか聞きました。彼が言うには、西岸の入植地建設に反対する最初のデモを私が率いたからだそうです。私は、占領下の土地に入植地を不法建設することと、その建設に反対することのどちらが法律に違反しているのかと問いただしました。とはいえ、暗殺されるだろうと思っていましたし、その予感はありました。

六カ月後、私の車に爆弾が仕掛けられました。爆発後、這って車から出た私は、通りがかりの人に、妻に電話するよう助けを求めましたが、自宅も病院もつながりませんでした。通りがかった車が私を乗せて病院まで運んでくれたので助かったのです。誰もが私はこのまま死ぬと思ったようですし、医者もこのまま死ぬに任せたほうがよいと言っていました。結局、医者は私の足を腿から切断しました。意識を取り戻したあと、記者との面会を許可しようとしない医者を怒鳴りつけました。最初のインタビューを行なったのは、手術が終わった直後のことでした。

回復期に、パレスチナのほかの市長たちとフランスで一週間を過ごしました。手厚いもてなしを受け、戦闘的なシオニストたちの妨害にもかかわらず、組合で行なった講演も大成功でした。ナブルスに戻ったときは大群衆が私を迎えてくれました。私は依然として市長でしたが、イスラエルが一日二四時間すべてを監視していました。私たちに会いに来る人は、英国領事でさえ尋問を受けました。イスラエル軍兵士は私の家から強制退去させると英国領事を脅し、門の前で二〇分にわたり彼を尋問しました。戻ってきたとき、彼は真っ青でした。

苦しい試練の時期が何年も続きました。当時、私は義足を着け、外出時には私服警察に囲まれました。私に挨拶する人は、目の前で殴られました。それからついに一九八二年、イスラエルは市議会を解散しました。職員はストを決行し、軍司令官のもとで働くことを拒否しました。一九八六年、アラファトとの交渉後、市当局はナブルス商工会議所に委託されました。オスロ交渉の始まりだったのです」

――オスロ合意に至るプロセスはいつ始まったのですか?

「一九七八年のキャンプ・デービッドの前年、サダト*がエルサレムを訪問したときです。パレスチナ指導者の一部とイスラエルのあいだで合意の兆しがあることをはじめて突き止めたのはそのときです。けれども、当時はそれは隠されていました。ＰＬＯの最高評議会がそうした接触に反対していたからです。一九八二年、レバノン侵略後に、この動きはいっそうはっきりしてきました。パレスチナに一定の自治を与え、その代わりにイスラエルの政策を適用させるというものでした。その企みを耳にした私たちは、一九八〇年の末にナブルス市議会のメッセージをＰＬＯ最高評議会に送り、アラファトの辞任を要求しました。

ＰＬＯ指導部はおろか、ファタハの幹部さえ、オスロ交渉について知らされていませんでした。この合意は、パレスチナとアラブの人々の背後で、秘密裏になされたのです」

——そのときどうすべきだったのでしょうか？

「譲歩すべきではありませんでした。私たちの原則を貫くべきだったのです。譲歩してしまえば何も得られません。当然、予想できたことです。似非和平プロセスにより西岸の入植は加速し、弾圧は激化しました。オスロ以前は、イスラエルが相手にしていたのは抵抗する人々でした。勝手なことはできなかったのです。オスロが人々の士気を挫きました」

――壁をめぐって、ナブルス住人とイスラエルの活動家が協力して行動していることについてはどう思いますか？

「そうしたイスラエル人には敬意を表します。尊敬していますし、友人もいます。けれども、人口比で言うと、そうした人はほとんどゼロに近いのです。イスラエルで勢力を誇っているのは過激派です。イスラエル社会は、一〇年前のほうが今よりも開放的でした。残念ながら、壁に反対する少数のイスラエル人はイスラエルのメディア機構に利用さ

＊一九一八〜一九八一年。エジプトの軍人・政治家。一九七〇年から八一年までエジプト大統領。

れ、イスラエルには反対を表明するためにデモを行なう自由があるのだという宣伝に使われています。彼らの闘いは象徴的なものにとどまり、イスラエル政府にとって深刻な脅威とはなっていません。そして、私たちの側のメディアが弱体なために、こうした運動をパレスチナの大義に活用できないことも認めなくてはなりません」

——外の世界で耳を傾け、注目している人々に向けられたパレスチナの声がないのはどうしてでしょうか?

「私たちのレジスタンスに政治が不在だからです。パレスチナ自治政府はレジスタンスに反対しています。オスロ合意以前は、レジスタンスと政治が手に手を取って進んでいたので、世界は私たちの立場を理解しました。けれども、現在、イスラエルとアメリカ合州国だけでなく、アラブ諸国やパレスチナ指導部の一部も、私たちに敵対しているのです」

——ハマスが現在採っている立場、交渉を拒絶する立場は、レジスタンスにとって好ましい見解を取り返すチャンスになりますか?

「ナザレにキリスト教徒の友人がいます。* ハマスが勝ったので途方に暮れているのではないかと思っていましたが、まったく違いました。『初めて、ノーと言うパレスチナ人が現れた！』と彼は言いました。西洋諸国の反応［パレスチナ政府に対するボイコット］はいつものことです。パレスチナ側の譲歩につぐ譲歩が終わり、パレスチナの出血も止まることを恐れているのです。イスラエルやアメリカと手を組んだアブ・マーゼン** がハマス中心の政府を倒そうとあらゆる手を尽くしているのはそのためです。現在進んでいるパレスチナ内部の［ハマスとファタハの］交渉に、私は手紙を送り、アブ・マーゼンの立場には全面的に反対である旨を表明しました。次のように書いたのです。『［オスロ式］交渉を

＊　ナザレは現在イスラエル領となっている、住民の多くがアラブ系キリスト教徒の町で、この友人はイスラエル領で生きているパレスチナ人。

＊＊　マフムード・アッバース。ＰＬＯ議長。二〇〇三年からパレスチナ自治政府大統領。一九九三年のオスロ合意の中心人物。

一五年以上続けたのち、私たちパレスチナ人は民族として何の権利を手にしたのでしょうか？　最終的な結論は占領勢力と仲介者であるアメリカ合州国とのあいだで、二〇〇四年四月一四日のサミット後にジョージ・ブッシュがシャロンに宛てた手紙*の中で決められました。パレスチナ人にとって、これは新たなバルフォア宣言です。この手紙は、交渉によりパレスチナ国家を樹立することができるという幻想に決定的に終止符を打ちました。だからこそ、私は、パレスチナ人のあいだの対話に参加しているすべての人に、この文書を今一度読み返し、オスロ式の交渉を通して何かを達成することは不可能であることをはっきり理解するよう求めます。パレスチナ人が交渉という考えを拒絶し、それを選挙で示したことを忘れて、オスロ式交渉にしがみつこうとする人々がたとえいるとしても』」

——政治的にご自分の立場を規定するならば、どんな言葉を使いますか？

「市民です」

各住宅地区ごとに、路上に大きな金属製のゴミ箱が置かれ、しばしばグラフィティが書かれている。例えば、「ヨルダン王宮」。

ラジオ・ナジャハ**今朝のニュース（六月三日）。昨夜イスラエル軍兵士がナブルスの病院を襲撃し、けが人を拉致した。それに対してパレスチナ側は同夜、パレスチナの建物を見下ろす丘の上にあるイスラエル軍のキャンプを攻撃した（実際、普段よりも発砲音は近くに聞こえた）。

＊　ブッシュがシャロンに与えた承認事項は、一：西岸の入植地の永久存続、二：パレスチナ難民帰還権の無効化、三：隔離壁の容認、四：暗殺攻撃の容認。

＊＊　http://www.najah.edu/ENGLISH/najahfm/home.htm にウェブサイトがある。http://www.najah.edu/ENGLISH/najahfm/live.htm から、ネットでも放送を聞くことができる。

米国は、外国の資金をパレスチナ政府に送ることを認めた銀行に制裁を加えると脅した。パレスチナの主要銀行として機能していたアラブ銀行は、付加価値税に相当する資金を選挙で選ばれたパレスチナ政府に払い込むことを拒否した。ハマスに対する人々の反対運動を扇動するために、自治政府大統領と米国とイスラエルがパレスチナに物資――昨日はガソリン、今日はガス・ボンベ――を送らないようにしていることは、私が話したすべての人の目に明らかだった。パレスチナの主要誌『アル・クッズ』は扉ページに群衆の写真を掲載し、「ハマス政府の下手な危機管理に対し、ガザで警察と軍がデモを決行」とキャプションを付けていた。チリでトラック運転手が起こしたストを思い起こさせる。CIAが仕掛けたチリのストは、アジェンデを失墜させたクーデターの序曲だった。

石鹸マニアと本マニア

ナブルス北東にある小さな村ベイト・フリークにたどりつくためには、畑の中にある検問所を通らなくてはならない。そこを通れるかどうかは、退屈したイスラエル兵の気まぐれによって決まる。Bが自分の工場の入り口で私たちを待っていた。ナブルス市で石鹸工場を経営していた両親は彼に勉強を強いたが、最終試験を通った彼は額に入った卒業証書を両親にプレゼントしたのち、自分の関心は石鹸作りにあると宣言した。旧市街にあった石鹸工場がイスラエル軍に三度破壊されてから、彼はベイト・フリークに石鹸工場を移すことに決めた。必要な機械はすべて、イタリア製とイスラエル製の機械をまねて自分で作った。実験好きの彼は、様々な石鹸を作っている。柑橘類入り、蜂蜜入り、イチジク入りなど……。彼はイスラエルの協同組合*と取引している。共産主義者だが、他

＊「ガリラヤのシンディアナ」。パレスチナ北部のガリラヤ地方（一九四八年からイスラエル領）のパレスチナ農業団体。イスラエル領内のパレスチナ人がユダヤ人とも協同して活動を行なっている。日本にもオリーブオイルやナブルス石鹸を出荷しており、「パレスチナ・オリーブ」http://www5a.biglobe.ne.jp/~polive/ から購入することができる。

の人々とも取引していると彼は言う。死海の泥を混ぜた石鹸の多くは彼のところで作られている。インティファーダのさなかに、アハヴァ（愛）協会が彼をアシュドッドに招待し、取引を始めようとした（「私は救世主のようにもてなされました！」）。死海をはじめ色々な場所でそれらの石鹸を買う観光客は、恐らくそれがどこで作られたか知らないだろうが、その市場はいずれにせよ限られている。製品を売りさばくために、Bはトラックを使わなくてはならないが、トラックで回るためには許可——「ユダヤ・サマリア［大イスラエル主義の信奉者たちが西岸を指して使う言葉］にある検問所を通過するための特別許可」——がいる。そのためには、ナブルスの「調整委員会」（オスロ合意の頃にイスラエルの治安サービスとパレスチナ人がそれなりに一緒に活動した時代の言葉で、現在イスラエル人は自分たちだけで連携している）に申請しなくてはならない。「調整委員会」はときおり申請を認めるが、ほとんどは却下する。そのため、Bの倉庫には売りさばけずにたまった石鹸が何トンも保管されている。微笑みながら、だからプレゼントに使うのですと彼は語った。

インティファーダ以前は、Bの工場と同じような小さな工場がナブルスにたくさんあった。冶金工場や織物工場だった（どうやら正統ユダヤ教の衣服はほとんどナブルスで作られていたらしい）。町が包囲されたため、工場は閉鎖を余儀なくされたり、立ちゆかなくなるほど生産を縮小しなくてはならなくなった。

Kは二〇年前からナブルスの中心街でパレスチナ唯一のマルクス主義書店「人民書店」を経営している。そこには共産主義関係の古典、レジスタンス関係図書、革命歌を収録したカセットなどが置かれている。最も良く売れるのは、ゴーリキー、ドストエフスキー、共産党宣言、エミール・ハビービー*、マフムード・ダルウィーシュ**、ガッサーン・カナ

＊　一九二二～九六年。ハイファに生まれイスラエル建国後も同地に留まったイスラエル国籍のパレスチナ人小説家。著書に『悲楽観屋サイードの失踪にまつわる奇妙な出来事』（山本薫訳、作品社、二〇〇六年）などがある。

ファーニー***（一九三六年のアラブ革命に関するカナファーニーの本）などである。彼はパレスチナの大義のために出版社も作った。最初に出版した本はナージ・アル・アリー****［ロンドンでモサドに暗殺された風刺画家］のデッサンである。最近彼は、鉄格子の後ろで行なうレジスタンスのガイドを作成し、一〇〇〇部印刷した。客は中産階級が多いが、服役者向けの贈り物市場も拡大している。インティファーダが始まってからと、二〇〇二年の再占領のときに、書店はイスラエル軍兵士により何度か荒らされた。彼が目をかけている甥は、学生のリーダーで書店主になることを夢見る共産主義者だが、自爆攻撃を計画したとして（Kはでっち上げだと言う）、三度にわたって逮捕され、拷問を受け、有罪を宣告された。

Kは一五歳で共産党に入党した（「占領者が私の勉強を妨害しました。党が私の家となり、そこで生きる術を学んだのです」）。彼は人民党（共産党）執行委員会のメンバーで、囚人と文化を担当している。パレスチナ自治政府？「人民が手にした歴史的なものです。自治政府は多くの間違いを犯しましたが、私は支持し続けています。自治政府は他のアラブ諸国には存在しなかった民主主義を保証したのです。自治政府が私の書店に介入したことはありません。一方、ヨルダンの国際見本市で私は本の販売を禁じられる体験をしました。私はある日、情報省に呼び出されました。アラファトがいて、『私を侮辱するのは大したことではない。本を売ってよい』と言ったのです［けれども、エドワード・サイー

＊＊　一九四二〜二〇〇八。パレスチナの詩人。著書に『詩集　壁に描く（りぶるどるしおる）』（四方田犬彦訳、書肆山田、二〇〇六年）など。
＊＊＊　一九三六〜一九七二年。ベイルートで、モサドが車に仕掛けた爆弾により暗殺された。パレスチナ人作家でPFLPの報道官。著書に『太陽の男たち・ハイファに戻って』（黒田寿郎・奴田原睦明訳、河出書房新社、一九八八年）などがある。
＊＊＊＊　一九三八〜八七年。アラブ世界での政治風刺漫画の草分けとなったパレスチナ難民。アリーが生み出した裸足で後ろ姿の一〇歳の子どもハンダラのキャラクターは、パレスチナ難民の象徴であり、パレスチナの人々の抵抗のシンボルとされ、世界的に有名。

ド*の『オスロⅠ』と『オスロⅡ』を売ることは禁止された」」。ハマス？　「尊敬すべきレジスタンスの一部です。民主的な選択をしたことで人々を罰することはできません。なすすべもなくできてしまった空白をハマスが埋めたのです。意見の相違はありますが、ハマスと対立してはいません」

　イスラエル人とパレスチナ人が積極的に手を組んでいる仕事の一つに車の盗難がある。ここではすばらしい車が二〇〇〇から三〇〇〇シェケル〔約六万円から九万円〕で手に入る。イス

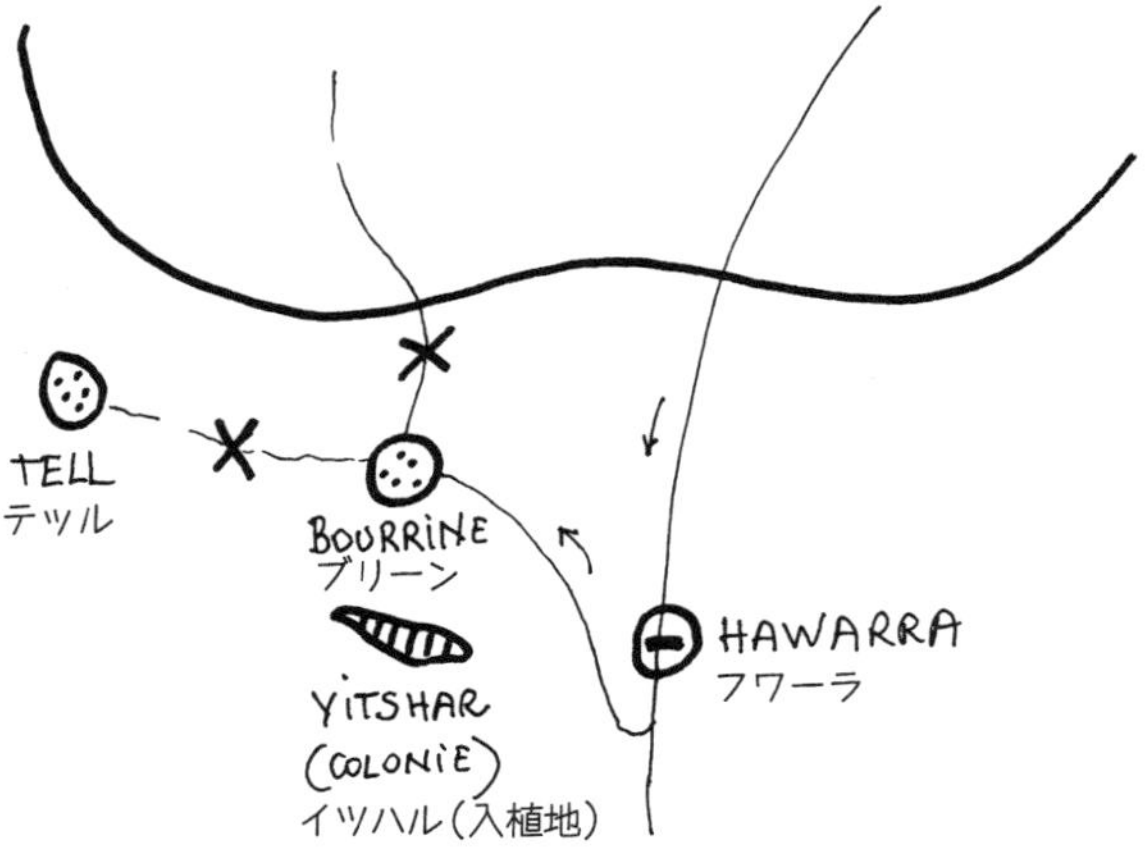

ナブルスからブリーンに行くためには……

ラエルで盗まれ、イスラエル人が運転して黄色いナンバープレート（パレスチナのナンバープレートは緑）のまま検問所を抜け、ナブルスで持ち主を変えたあと、そのまま保証書も保険もなしに売りに出される。盗難車を黄色く塗って擬装したタクシーも多い。ドアに書かれた会社名（「楽園タクシー」「妖精タクシー」）が存在しないものなので、地元の人々にはそれがわかる。私は、パレスチナ人が使う武器もまた、イスラエル＝パレスチナのマフィアが持ち込むのだと理解したが、そう簡単に話せる話題ではない。

田舎の光景

ナブルスの南にあるブリーンは古くから続く美しい村で、オスマン帝国時代にはジェ

＊　一九三五〜二〇〇三年。パレスチナ系アメリカ人の文学者。パレスチナをめぐっても積極的な発言を続け、パレスチナ民族評議会の一員でもあったが、オスロ合意をパレスチナ難民の帰還権を軽視し、原則を逸脱したものとして厳しく批判したためアラファトと決別した。

ニンとエルサレムを結ぶ交通路の宿場町だった。直接行く道は遮断されているため、ブリーンに行くためにはフワーラの検問を通ってからもと来た方角に戻らなくてはならない。検問所を通過する時間を別にしても、このために、本来三キロの道が一五キロになる。グラフィティと旗が示すように、ブリーンはパレスチナ解放人民戦線（PFLP）の勢力範囲である。中学校は一九二七年に設置され、珍しいことに当時から共学だった。学校はイスラエルの占領軍が建設を禁止した地区に建っているため、学校の三階は昔の建物を基礎としてその上に建てられている。十数人の教師が私を迎え――生徒は休暇中だった――話しをしてくれた。

「村は、周囲の高台の至るところに建設された入植地に取り囲まれています。その一つに西岸で最も過激な入植者たちからなるイツハルの入植地があります［入植地には過激派住人がとても多い。平和的な入植者はどこにいるのだろう？　それでもいるに違いない！］。そこの住人は、ロシア人をはじめ、東欧から来た人たち、そしてファラシャ*で、私たちよりもヘブライ語が下手なので事情はいっそう複雑です。毎年、入植者たちは収穫物に火をつけます。ユダヤ教の安息日にさえ、そうしたことをするのです。私たちのオリーブの木を切り倒し、春には子羊を盗みます。秋にはオリーブを取り入れている人々――外国から手伝いに来た人々もいます――に発砲するのです。ナブルスの調整委員会に苦情を持ち込むことはできますが、決して目的に達することのない『謎のXに対する苦情』のようなものです。ときにはイスラエル軍に電話をかけて、いつどこで収穫（あるいは果実の摘み入れ）を行なうか知らせるのですが、軍が到着するのはいつも、入植者たちが破壊を終えて立ち去ったあとです。以前は、学校が村はずれに所有する土地を生徒たちが耕していましたが、今では危険すぎます。

入植者たちが使った水は私たちの土地に垂れ流されるので、何世紀も前から私たちが

＊　イスラエルで「ユダヤ人」として認定されているエチオピアでの旧約聖書信仰派の人々。

ブリーンで、子どもたちが水をとりに行く

使ってきた二カ所の水源は汚染され、多くの人が肝炎を患うようになりました。その水は洗濯にしか使えず、ミネラル・ウォーターを飲むべきなのでしょうが、人々はとても貧しいので……。

私たちはこの三カ月間［ハマス政権へのボイコットが始まって以来］、給料を受け取っていません。フワーラの検問所からブリーンまで（六キロ）、タクシーを使うと往復で一〇シェケルかかります。一カ月に二〇〇シェケルです。私たちの中には三キロ離れたテッル村に住んでいる人もいますが、ブリーンとの道は封鎖されているので、ナブルスを通る必要があるのです！　丘を越えるためにロバを買った先生がいますが、イスラエル兵はロバを棒で殴りつけました。学校の先生のほとんどが副業をしています。農業をしたり、羊を育てたり……体育の先生には一二人の子どもがいて――息子の一人は一二年間監獄に入れられています――タクシーの運転手をしています。

私たちは、不正を目にして憤っている子どもたちの気持ちを和らげようと、別のことに目を向けさせるようにしていますが、大きな矛盾を抱えています。生徒に人権宣言や教育権を教えると、生徒たちは『まったく嘘っぱちじゃないか！　どうして世界中の誰一人、イスラエルを阻止できないの？』と聞いてきます。私たちは嘘を伝える専門家になってしまいます。落ち着かなくてはならないのですが、不安と不満でいっぱいです。朝、学校の小さなラジオ放送で、生徒が自分たちの作った話を放送します。今はどんな話をすると思いますか？　殉教した父、家に軍が来たこと、監獄にいる兄を訪問したこと、入植者たちの攻撃……。上級生になると、『先生たちは失敗した。僕らに作り話をしてきた。僕らは自分たちで抵抗の方法を考えなきゃいけない。たとえテロリストと呼ばれても』

と言います。こうして、私たち教師は、テロリズムを育んでいると非難されるのです」
学校の一室には新品のコンピュータが約二〇台あった。村を離れた人々の贈り物だった——村を出て行く人々は以前からいた。教育省の支援は？「教育省の関係者が来たことは一度もありません。少なくとも、見かけだけでも、私たちを支援すべきなのですが、まったく何の支援もありません。ここではすべて、私たちの努力だけでやっています」

人々の矛先をハマスに向けようとする策謀は、少なくともナブルスではうまく行っていない。私が話をした人々は、ファタハに近い人たちさえ、選挙結果を尊重すべきだと言っていた。ナブルスで私が会った人たちの政治的立場は様々だったが、立場にかかわらず誰の目にも、ファタハが占領者と共謀している党であることはもはやあまりに明らかだった。ナブルス地区の知事［ファタハの長官で、実権はない］は、フランスで集めた寄付をYが市と村の先生たちに渡すことを禁じた。ハマスを利することになるからというのである。寄付金はパリに返送しなくてはならなくなった（けれども返送されないだろう）。

ラジオ・ナジャハの運営者は二七歳だった。現場で記者の訓練を受けた彼は、二〇〇三年に、独立ラジオ局を開設し運営する許可を大学からもらった。毎朝のニュース以外で最も人気のある番組は「自由面会室」で、毎週木曜日、投獄されている人々に家族が語りかけるものである。

――情報はどうやって入手するのですか?

「友人のネットワークがあって、各地域、各界に情報を中継する人がいます。人々が私に電話してきて、『これこれのことについて放送すべきだ』と言うのです。町に広まった噂の裏は取るようにしています。例えば、村に来た補助金がハマスのメンバーに優先的に配分されていると聞きました。ハマスの地区長と話したところ彼はそれを否定しましたが、実際に優先的に配分されていたことを示すことができました。昨年は、自治政府が有効期限の切れた製品を売りさばいていることを明らかにしました。私たちは期限切れ商品を焼却させ、責任者だった幹部は左遷されました。現在、保険なしの運転をなくそうというキャンペーンがあります。そのために人々は八時間以上も列を作って並ぶことになりました。私は順番待ちの人々にインタビューし、二日後には待ち時間は一五分に減り、担当事務所の所長は交代しました。私たちは、アラブ諸国の通信社の情報源となっていますし、イスラエル人さえ私たちの放送を聞いています」

――不安はありませんか?

「直接の政治的圧力を受けたことは一度もありませんが、二カ月前、自治政府［ファタハ］の役人が大学の学長に手紙を書き、やりすぎだと言ったことがありました。ハマスも同様に圧力をかけたようです。けれども学長は私たちに味方しました。前政府の情報相［ファタハ］が私たちのグループの一人を脅したこともあります。私たちは放送を通してこの人物を非難し、彼はおとなしくなりました。私のバックには誰もいないのですが、自分が強いふりをしています。それに、政治家は真実を恐れているのです」

家族の生活

九歳になる女の子のSと一〇歳の兄Jは旧市街の家で祖母に育てられている。二〇〇一年、兄妹の父が禁固二二年、母が禁固一三年の有罪判決を受けた。テルアビブのバス・ターミナルに爆弾をしかけようとしたとして起訴されたのである。子どもたちはもう三カ月も両親に会っていない。両親はイスラエルの二つの別の町にある監獄におり、この五年で子どもたちが両親を訪ねたのはたった四度きりである。子どもたちは父親とガラス越しに会えるだけだった――父は手錠と足かせをしていた。年老いた祖母は、息子にもその妻にも会いに行けない。「治安上の理由」で面会が禁じられているからで、そのためにSとJはアシュケロン〔ガザに近いイスラエルの都市。アシュケロン刑務所がある〕に行く赤十字のバスに自分たちだけで乗らなくてはならない。祖母のもう一人の息子も、その六カ月後に逮捕され、禁固一八年の有罪判決を受けたが、祖母は彼に会いに行くこともできない。

イスラエル軍の兵士たちは彼女の家にこれまで四回やってきて、そのたびに家の中を破壊した。囚人の家族に対してイスラエル軍がいつもやっていることだった。拘束された人々の家族にパレスチナ当局がこれまで支払ってきた「支給金」は、ボイコット以来、数カ月間支払われていない。そのため、祖母は投獄された息子たちに金を送ることができずにいる。監獄の「普通の」食事はとても食べられたものではなく、スープにはゴキブリが入っている……監獄でまともな食事をとるためには金を払わなくてはならない。

その間、子どもたちの叔父に思いがけないことがおきた。彼の息子が二〇〇二年にイスラエルで自爆したのである。叔父は息子の遺体を取り戻すことだけを望んでいる。戦闘的な活動家だったのだろうか？　まったくそうではなく、イスラム教の信者でさえなかった。イスラエル軍が彼の家を破壊し、もはや家も仕事もなく、来るべき未来もないことを見て取った彼は、自爆というかたちで人生の幕を閉じることにしたのだった。

SとJは学校で首席である。Sは学校の先生に、Jは医者になりたがっている。

一五歳になるAはダーナの実習によく顔を出す。私たちは、ナブルスのはずれにある自宅に、彼と彼の祖母を訪ねた。母親は五カ月前に監獄から釈放された。兄が一人いて、三年前に禁固二〇年の有罪判決を受けている。Aは兄に面会するため、毎月、ネタニヤの近くにあるテル・モンド刑務所に行く。父は行き先を告げずに家を出た。

Aの母がベールをつけずに入ってきた。短い髪がよく似合っていた。逮捕されたとき、彼女は偶然同じ監獄で上の子と顔を合わせた。息子は彼女が自分に面会に来たと思ったらしい。彼女は自分がどうして逮捕されたかまったくわかっていない。イスラエル当局は、彼女が「イスラエルの治安にとって脅威となっている」と述べた。監獄ではファタハとハマスの戦闘的活動家の男女は別の区域に入れられていた。彼女に、どちらの側かと訊ねてみた。「ファタハですが、今回の選挙ではハマスに投票しました」。彼女は監獄で二カ月にわたりハンストを行なった。監獄では点呼が一日四回あり、一人でも囚人が答えないと、全員に集団的懲罰が科される。報復として、彼女は息子の面会を禁じられた。今は元囚人として息子を訪問する権利を剝奪されている。地元ラジオを通した遠回しのメッセージでしか息子と連絡はできない。電話待ちのリストは数カ月に及んでいる。

長男は、監獄でほかの若者たちの面倒を見る立場にある――監獄には一四、五歳の子どもたちがたくさんいる。彼は、バラータ・キャンプの住人から、自爆攻撃のため接触を受けた。それは拒んだが、そのとき誰か他の人を探してみると言ったため、それを理由に裁判にかけられ、有罪判決を受けた。母はバラータの住人に会いに行ったが、彼らは手助けを拒否した。

祖母が私に、アブ・マーゼンをどう思うか聞いてきた。彼女は自分の見解を言いたいのだなと感じて、私は話をはぐらかした。実際、彼女は、議会選挙がもう一度あればよいと述べた。娘の方は、政党の話をこれ以上聞きたがらなかった。Aはといえば、自分には将来がないので、将来の計画に時間を使うのは無駄だと考えている。

Ｚ一家は旧市街の中心に住んでいる。父親が私たちを迎えてくれた。彼はもはや若くなく、疲れ切っていた。息子の一人は殺され、もう一人は「レジスタンスを助けた」として五年の有罪判決を受け、投獄されている。前の週には、一八歳になる娘が逮捕された。イスラエル当局は父に、彼女は四カ月間行政警察の留置場に入れられるが、四〇〇〇シェケル〔約一二万円〕を支払えば釈放してやると言った。中庭には一番下の男の子――二歳くらいに違いない――がいた。殺された兄の名を継いでジャマルという。

母親が買い物の品を下げて入ってきた。ベールを放り出し、靴を脱いだ。彼女は息子たちには会えるが、娘には、逮捕されて以来、「治安上の理由」で会うことができないでいる。これだけつらい目に遭うのは、戦闘的な活動家の一家だからだろうか？　「旧市街はずっとイスラエル軍の標的にされています。政治的意識がどうであれ、自然に抵抗者になります」

面会のために使う赤十字のバスは、朝三時に、この地域の囚人の親族を満載して出発する。八歳から一〇歳の子どもたちが付き添いなしに乗ることもしょっちゅうである。イスラエルを通るあいだ、バスは止まることができないため、大人も子どもも生理的欲求を満たすために車を降りることもできない。幸運な場合、面会は、ガラス越しに一時間ほど続く。家に戻るのは夜中になる。

ナブルスを訪ねた異邦人として、私は、それでもなお、ある種の軽快さをナブルスの雰囲気に感じていた。日々の生活は苦しく、人々は疲れ果て、苦痛と悲しみを背負っているが、それだけだというのは正しくないかもしれない。そこはまた、警察のいない町——それは大したことである——で、広告もなく、人々が路上で寝たり生きるために物乞いをすることもない。人間が単なる人口の算術的合計に還元されていない町。液体に加えられた圧力がその液体の物理的状態を変えるように、ナブルスという高圧鍋に加えられた圧力は住人を人民に変えていた。将来、国が平和になって、破壊された旧市街の石鹸工場やぼろぼろの宿が、ユダヤ・アラブ人のブルジョアや観光客向けの豪華なレストランやホテルになったとき、今日、選挙ポスターにまざって葬儀写真が貼り出されている「殉教者」たちの孫の世代が、もしかすると結局のところ、古き良き時代だったのかもしれないとつぶやく日が来るかもしれない。

II. カルキリヤ／ Kalkilyia

カルキリヤ周辺図

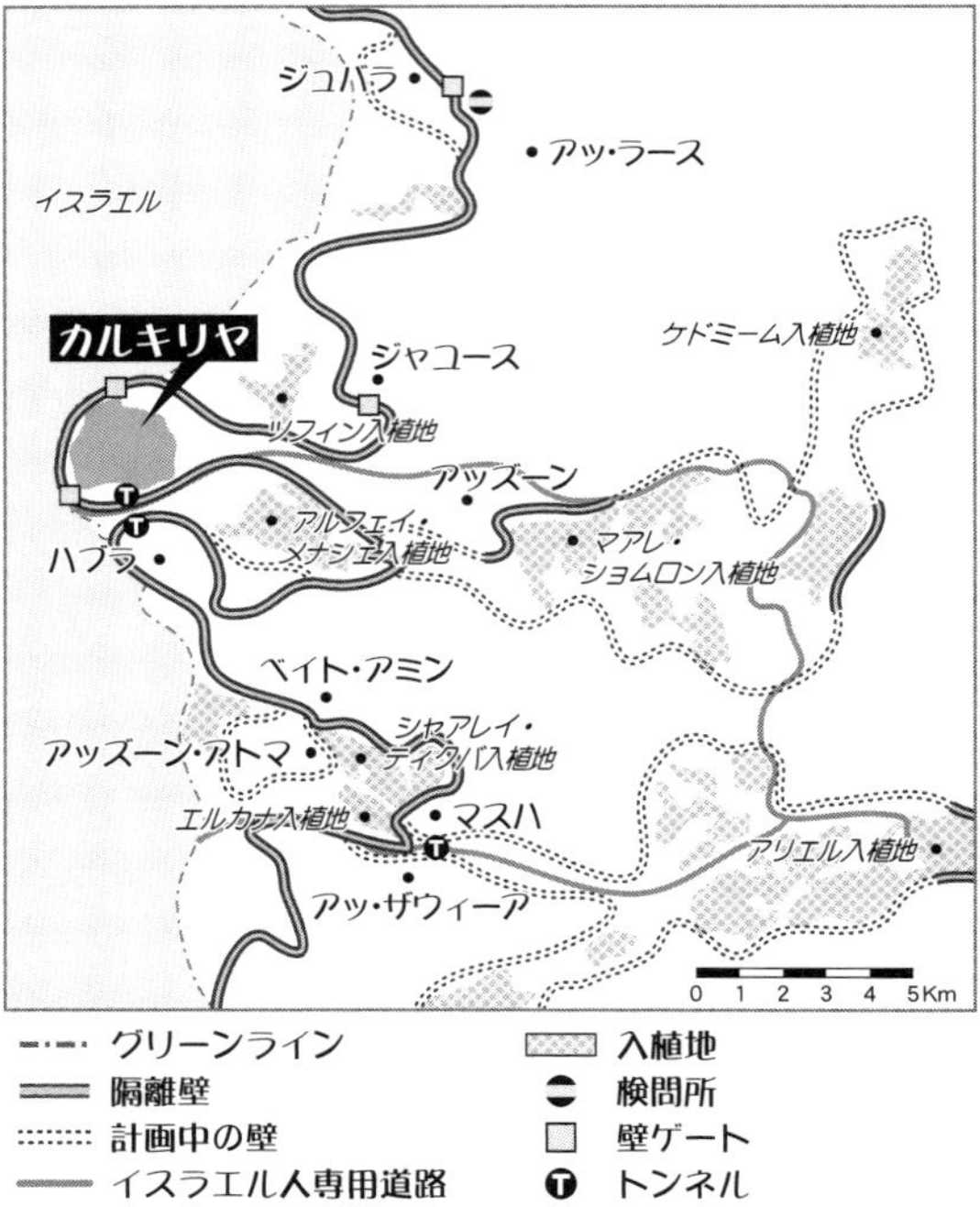

国連OCHA Closure Maps 2007に準拠

カルキリヤの目抜き大通りは、街を取り囲む壁で突然終わっていた。この、人為的に作られた世界の果ては、とても暑く、風もなく、騒音が耳に響いた。壁にもたれるようにある温室から、そこがかつては菜園だったことがわかったが、今や荒れ果てていた。機械工の仕事場とさびれた住宅がいくつかあった。珍しく通りかかった人が「もう息をすることもできません」と言った。彼はガレージの上に二階分を建て増したが、イスラエル軍はそれを解体するよう命じた。屋上から、一〇メートル先に立つ壁の向こう側が見えるというのが理由だった。壁沿いの巡視路を進むと苗木屋の家にたどり着いた。壊れかけた肘掛け椅子に倒れるように、苗木屋が座っていた。壁の建設によって、彼の土地一五ドゥナムのうち一〇ドゥナムが没収された（一ドゥナムは一〇〇〇平方メートル）。残された土地で営業を続けているが、彼自身、営業を続ける理由はわからない。というのも、植木鉢に植えられた草や木は、コンクリートに向かって並べられているだけで、何一つ売れないのだから。壁ができる前は、イスラエルを北から南へ走る大通りが苗木屋の前を通っていたため、イスラエル人が各地からバラやリンゴを調達しに来ていた。

ここでは、壁はグリーンライン［一九四九年の休戦ラインで、イスラエルと西岸の境界線だった。西岸は一九六七年六月の戦争までヨルダンの支配下に置かれていた］に沿って造られている。直接イスラエルに通ずる北のゲートはその時間には人っ子一人いなかった。磁気カードを持ち、イスラエルでの労働許可を持つパレスチナ人労働者たちが、そこを夜明けに利用する。黄色く塗られ、二重に有刺鉄線を巻かれた金属製の柵にある掲示板には、アラビア語と英語でいつもながらの指示、すなわち、証明書を準備すること、等々が書かれていた。末尾には「よい一日を」と書かれており、別の時代の鉄条網の中にあった暗いユーモアを思い起こさせた〔ナチスが設けたユダヤ人の強制収容所には「労働は自由をもたらす」等の標語が掲げられていた〕。

- الرجاء تحضير شهاداتك للفحص والتقدم نحو الموقف الفارغ.
- يجب الانصياع لتعليمات الفاحصين.
- المرور فردي.
- حافظوا على النظام والنظافة.
نتمنى لك أحلى يوم!
WELCOME TO INSPECTION POINT
- YOU ARE NOW ENTERING A MILITARY AREA. TO MAKE YOUR TRANSIT EASY AND TO AVOID UNNECESSARY DELAY FIRST READ THESE INSTRUCTIONS AND THEN OBEY THEM.
- PLEASE PREPARE YOUR DOCUMENTS FOR INSPECTION AN APPROACH AN INSPECTION POINT WHEN IT BECOMES -REE.
- FOLLOW THE INSTRUCTIONS OF THE IN PECTORS. PASS THROUGH ONE BY ONE.
- PLEASE KEEP THIS TERMINAL CLEAN.
. Have a good day .

カルキリヤ、北ゲートの掲示板　Have a good day（よい一日を）と右下に書かれている

かつてはカルキリヤの町で三つの大通りが合流していた。ナブルスを通って東のヨルダンに通ずる道、北のハイファに向かう道、そして西のテルアビブとヤーファに向かう道である。今では、一三キロにわたる壁が周囲をすべて取り囲んだため、唯一の出口は東のナブルスに向かう道だけとなった。長いこと、外界へ通じる唯一の道の脇には検問所があった。それを撤去したのはシャロンその人らしい。西岸最大の入植地の一つでカルキリヤに隣接するアルフェイ・メナシェをシャロンが訪れたとき、それを撤去したのである。

一九九五年にベルント＆フライターグ社が出したイスラエル＝シナイの道路地図――この地図は正確であると同時に非現実的でもあった。というのも、地図上に示された村々がすべて実在するにしても、それらを地図上でつなぐ道のほとんどは通れなかったから――によると、九九年前に母が生まれた場所まで一〇キロもないところに私は立っているのだった。母の生まれ故郷ペタハ・ティクバはオスマン帝国時代の埃をかぶったわずかな数のあばら屋からなる村だったが、今はテルアビブの郊外に組み込まれ、イスラエルの国内諜報機関シンベト〔イスラエルの諜報機関として有名なモサドは国外諜報機関であり、国内はシンベトが受け持つ〕の留置所兼尋問センターの拠点の一つとなっている。一九六七年当時、ここはイスラエルの国土の中で最も狭い部分で、海岸から西岸までほとんど一五キロもなかった。イスラエルはその隘路を拡げようと、領土を占領してきた。

カルキリヤを閉じこめた壁はコンクリートで造られ、監視塔と監視カメラを備えていた。写真や映像などを通して世界的に知られているものである。町から遠ざかった場所では、別の仕掛けが使われている。真ん中にアスファルトの舗装路が造られ、監視の車が通れるようになっている。その両側（場所によっては片側だけ）に柵がある。これは電気柵――電流は、どこか一カ所を壊してしまえば無害になるので強力な障害物とはならない――ではなく電子柵で、ちょっとでもふれると警報装置が作動し、一五メートルごとに設置された監視カメラが侵入者を突き止めて映し出し、数分のうちにジープがやってくる。舗装道路に沿った二つの柵の外側には幅広く深い溝が掘られ、有刺鉄線の塊が三角に積み上げられている。いずれの側も、その外にはブルドーザーで更地にされた「緩衝地帯」が設けられている。緩衝地帯は、場所によっ

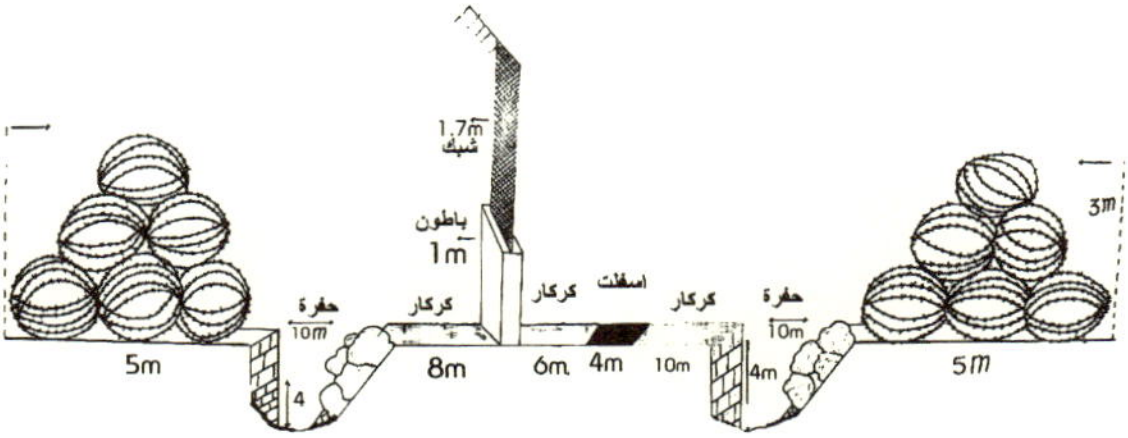

電子柵の断面図

ては幅数百メートルにも及ぶ。コンクリート壁とまったく同様に乗り越えることは困難なので、この装置もやはり「壁」と呼ぶことができる。この装置は見通しがきくという利点――こう言ってよいなら――があるが、TGVの線路や高速道路用に買収された土地よりもひどく風景を破壊している。

カルキリヤを囲む壁のカーブ

カルキリヤの東と南では、壁は逆を向いた二つの湾曲部を持つ複雑な曲線をなしている。カルキリヤを取り囲む湾曲は東の西岸に向かって開いており、アルフェイ・メナシェ入植地を取り囲む壁は西のイスラエルに向かって開いている。占領軍の官僚たちがずいぶんと労力を注ぎ込んだであろうこの構成にも、欠点がないわけではない。ベイト・アミンの村を通るパレスチナ人専用の道は、エルカナの入植地とは壁と緩衝地帯の幅しか離れていないため、すぐそこにいるように入植者たちが見えるのである。ほかのところでは、アッズーン・アトマ村全体が、壁により「イスラエル」側に取り残された（ただし引用符が付く。というのも、この地域は、実はほとんどがグリーンラインよりも東側、すなわち原則的にパレスチナの領土だからである）。村と西岸は壁に造られた特別の出入り口でつながれているが、その出入り口は朝と夕方以外決して開かない。そこには兵士が常駐している。というのも、シャアレイ・ティクバ（希望の門）入植地へ向かう道もここを通るからである。

ときおり、西のイスラエルと東のアルフェイ・メナシェを結ぶ、二つの壁にはさまれた狭い回廊を車が通る。長旅の末にハブラの町にたどり着けば、カルキリヤまでは数百メートルである。ＥＵの資金で造られたトンネルにより、並んで走る二つの壁とそのあいだで東西に延びる道――アリエル入植地とイスラエルを結ぶもので入植者専用である――の下を通ってこの数百メートルを乗り越えることができる。

この複雑な構成を描写するのが難しいことは意識している。実際、この地域を回ってみて、私は少しずつ、これらの壁や道や柵が何のためにあるのか理解しようとする努力を放棄するようになった。というのも、本当のところ、それらにはっきりした理由などないからである。こう言ったからといって、それらの全体、すなわち、湾曲した壁、入植者と占領軍専用の道、地域にまだらに広がる二五の入植地と五万五〇〇〇人を取り囲み、風景を陰気な電子競技場に変えてしまった柵などの全体がめちゃくちゃだというわけではない。ここを訪れて私は壁という用語が人を欺くものであることを理解した。仮に図面からそれがまったくまっすぐでないことを知っていたとしても、壁という言葉は、一九八九年以前に二つのドイツ、あるいはチェコスロヴァキアとバイエルン（ババリア）を隔てていたような、まっすぐな分断線を想像させる。けれども、ここでの状況はまったく異なる。ネットワークの全体が壁という要素に依存している。二次元あるいは場所によって三次元——西岸にはハブラにあるようなトンネルが一八ある——からなるこのネットワークは、入植者を守る手段ではない。目的は別のところにある。パレスチナ人を壁で包囲して飛び地に閉じこめ、パレスチナ人の生活を不可能にする――すでにそうなっているが――こと。カルキリヤ一帯を歩くと、孤立させ、閉じこめ、追放するという三段階の併合がどんどん進められていることがはっきりわかる。

私を泊めてくれ、現地を案内してくれたAとSの兄弟はアッズーンに住んでいた。カルキリヤから数キロのところにある大きな農業の町である。彼らは、目抜き通りでとても小さな携帯電話の販売・修理店を経営していた。今でも客のいる数少ない商売の一つである。というのも、ヨルダン川西岸では携帯なしで生活することがほとんど不可能だからだ。人々は、待ち合わせの時間を決めるかわりに、「検問所を通ったときに電話してくれ」と言う。

Aが地元の政治について説明してくれた。市議会議員は一二人で、全員が町の有力家族出身だった。家族の大きさに応じて一人から三人の議員がそれぞれの有力家族から出ていた。けれども、選挙は政治をめぐるものではなかったのだろうか？「そうでもあるし、そうではないのです。選挙は氏族的なものですが、同時に、当選した議員のほとんどがファタハです」

市の仕事を請け負う土木技師のRにとって、町の状況は破滅的だった。農業から利益が上がらないからである。農産物をほかの場所で売りさばくこともできなくなっていたし、人々に金がないため地元でも売れない。唯一の収入源は、自治政府の役人の給与と、援助国によるプロジェクトの予算だけだった。ハマス政府に対するボイコットのために、いずれの資金源も干上がっていた。公共施設や学校の建築、道路改修などのプロジェクトが、米国［USAID。世界中で反革命活動に従事してきた米国連邦政府の組織］や世銀、欧州連合により行なわれていた。町の人々が各プロジェクトに一〇〇人規模で雇われていた。すでに始まっていたプロジェクトは予定通り続けられるが、新規のプロジェクトはすべて凍結された。

町には水源が二カ所あったが、毎月四万立方メートル以上水を汲むことは禁じられていた。イスラエル人が定期的にやってきて、取水量を超えていないかどうかチェックしていた（この一帯の地下は西部の大帯水層となっているが、今日《こんにち》では入植者たちが壁の西に掘った井戸からそのほとんどを横領している）。電気はイスラエルの会社が供給しているが、人々が電気代を払えないため、いつ切られるかわからない。貧しい人々への支援は？「どうしてできるでしょう？　市にはもう一文もありません。私たち自身、給料を受け取っていません。人々は税金を払えませんし、政府からは一銭も予算は来ません。このように私たちの首を絞め続けるならば、イスラエルでテロが起きるでしょう」

イスラエル人入植者たちは、パレスチナ人の土地をいたずらで汚染する。丘の上にある入植地の一つエルカナは汚水を下のベイト・アミンに流しており、ベイト・アミンには言いようのない悪臭が漂っている。アッズーンにある水場――ジャユースに向かう道にある――の近くには、北フランスの炭鉱町と同じように汚物の山が高く積み上げられている。入植者たちがしょっちゅうやってきては、ダンプカーに積まれた汚物を廃棄していくのである。水質調査によると、相当量の有毒物質が含まれていることがわかっているが、その水を飲まざるを得ないと人々は言う。

カルキリヤの目抜き通りには、ハマスの緑の旗がひるがえっており、歩道は木の支柱に支えられた瓦屋根のひさしで太陽から守られている。車道は、自動車、馬に乗る人、少年少女が御すロバの荷車や馬車が通っている。店では、生きたままの鶏、運動靴、バケツに入ったペンキ、女性の部屋着、乾燥フルーツ、パレスチナ人の居間にならどこでもあるようなソファーなどが売られている。人はいるが、買う人はいない。店の人は歩道に椅子を出して時が経つのを眺めている。閉まっている店も多い（国連ＯＣＨＡが編集したパンフレットによると閉まっている店は四〇パーセントにのぼる。目抜き通りではそれほどはないが、少し裏に入ると実際人はまったくいない）。

たった一つ開いていたカフェのオープン・テラスで水タバコを吸っていた人が、インティファーダ前の良き生活について話しかけてきた。人々は許可など必要とせず自由にイスラエルで仕事をし、どこにでも出かけることができ、カルキリヤの畑から収穫された果物や野菜が西岸全体を養い、イスラエル人も買い物にやってきた。その時代の名残りで、ヘブライ語の看板も多く見られた。興味深いことに、歯医者の看板はキリル文字で書かれていた。もしかして、ロシアから来た貧しい移民たちがここで治療したのだろうか？

警察のパトカーと制服を着て武装した人々を乗せた二台のバンが何度か道を行ったり来たりしていた。ハマスに票を投じたこの町で力を誇示しようとするファタハの治安部隊だろうか？　この一団が、いたるところにいるイスラエル軍の車両と出くわしたらどうなるのだろう？　何も起こることはなかった。イスラエルの占領軍とパレスチナ治安部隊が「対テロ戦争」で協力することは、崩壊したオスロ合意の柱の一つであり、今でもその名残りがあるのだろう。

ハマス（三）

カルキリヤの市庁舎には製粉所に入るように勝手に入ることができた。警察官もおらず、チェックもなかった。予告も掲示もないまま、数分のうちにAと私はいきなり市長室に着いた。とても大きな部屋で、老人たちが新聞を読み、ベールをつけた女性たちがコンピュータのキーボードを打ち、様々な髭を生やした男たちが大声で議論していた。市長がやってきた。灰色の髭を短く刈り込んだ背の高い人物で、ブニュエル風の貴族のようだった。彼は獄中にいながら市長に当選した［数週間後に彼は占領軍に拉致された議員の一人となった］。彼は私たちに自ら応対できないことを詫び、側近の一人に私たちの案内を任せた。

――壁と、政府へのボイコットの中で、人々はどうやって暮らしているのでしょうか？

「パレスチナ人はどんな状況にも適応します。けれども、実際のところ、現在、とても難しい状況にあります。二重の包囲網に取り囲まれているからです。イスラエルによる包囲と、パレスチナ人への援助を停止した国々による包囲です。私たちはとりわけ、欧州諸国が自ら主張する原則を踏みにじったことに、苦々しい思いを抱いています」

――市議会議員は全員がハマスなのですか？

「市議会議員一五人がハマスの候補名簿から選ばれました。私たちの政策にはいくつかのポイントがあります。会計の透明化、グループでの活動、人々との継続的連携です。今日《こんにち》では、市の会計は公開され、官報に印刷されています。誰でもここに来ればそれを確認できるのです。私たちはすべての陳情と苦情に対応します。対応は玄関ホールに張り出されています」

――ボイコットのせいで給料を受け取っていない人々を支援するために何かしていますか？

「余裕のある人に、最も貧しい人々を支援するよう促しています。圧力をかけるのではなく、仲介するのです。市が貸し付けを保証し、イスラム教が認める低利で貸し付けます。

水道料金や電気料金、ゴミの引き取り代金などを払えなくなった人々の費用を肩代わりするために『貧しい人々のための基金』も復活させました」

――政府と大統領のあいだにある現在の危機はどのようになるとお考えですか？

「ときおり深刻な事件はありますが、大規模な動乱には至らないと考えています。大統領側との溝を克服しようと務めていますが、住民投票は受け容れません（住民投票は『捕虜に関する提案』についてのもので、アブ・マーゼンが提案した）。そのような協議は平穏冷静に行なわなくてはなりません。包囲され、空腹を満たすことのできない人々に住民投票を呼びかけるのは馬鹿げたことです」

［シャロンの補佐官だったダヴ・ワイスグラスのたちの悪い冗談を思い出した。二〇〇五年秋、ワイスグラスは「パレスチナ人を飢えさせるわけではない。ちょっとしたダイエットの恩恵を与えようというだけだ」と述べ、イスラエル議会の全議員と首相を笑わせたのだった］

三つの村

ジャユースは高台の村で、庁舎の屋上から、壁がどのように機能しているか、その光景を見ることができる。遠くカルキリヤの方へ、さらには海に至る大平原が眼下に地図のように広がっている。一番手前には、完全に村に帰属する土地があり、オリーブやレモンの木と温室がある。次に電子装置をそなえた壁がほぼ南北に走って見渡す限りの風景を遮断している。その向こう側には収用された土地が、遠くに高く見えるツフィンの入植地まで続いている。壁に設けられた北ゲートも見える（南ゲートはさらに遠く、土地の起伏の陰に隠れ

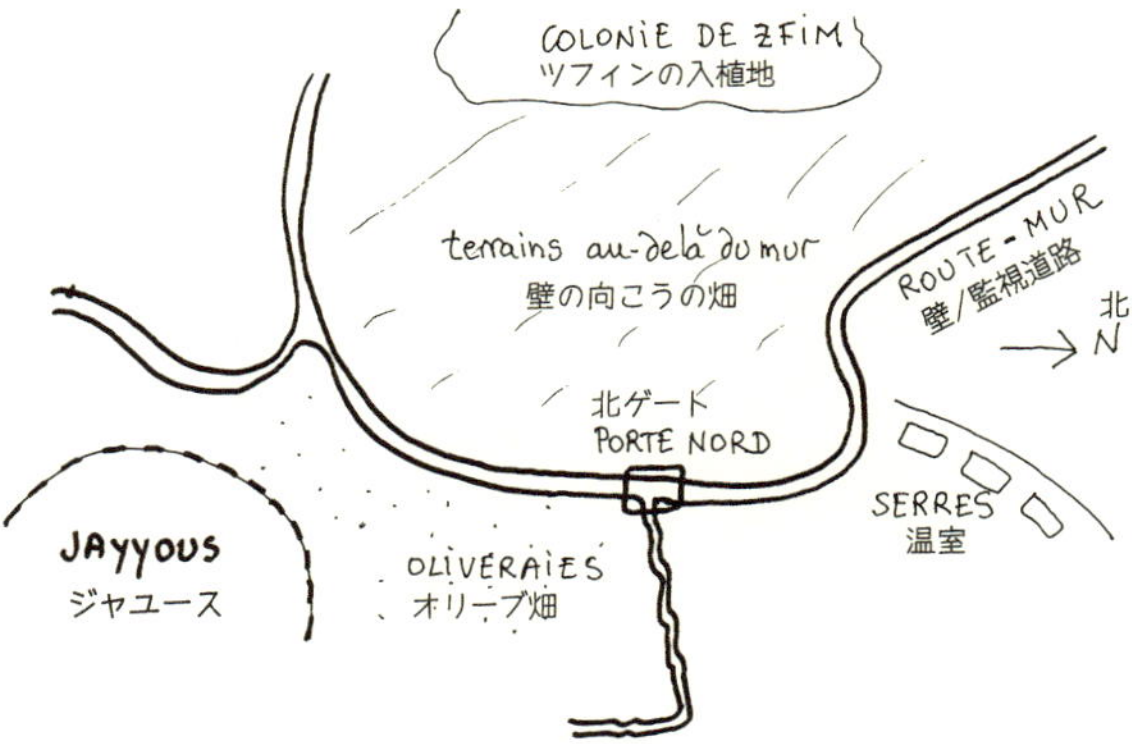

ジャユースの壁

ている)。

村議会議員は九人で、そのうち五人がハマス、四人がファタハだった。村長が次のように語った。「昔、ジャユースは三万五〇〇〇ドゥナム(三五〇〇ヘクタール)の土地からなっていました。一九四八年にそのうち二〇〇〇ドゥナムを失い、壁の建築で五〇〇ドゥナムを取られました。レモンの木とグアバの木、二〇〇の温室と二万本のオリーブの木がある九〇〇〇ドゥナムが、今や壁の向こう側に行ってしまいました。自分の土地に行って仕事をするために許可が必要です。許可申請一〇〇件のうちイスラエルが認めるのはたぶん五件ほどです。私自身、許可証を持っていません。赤十字社で働くフランス人の友人が、ケドミームの入植地に行って私のために許可を申請しましたが、却下されました。いずれにせよ仕事をするのは非常に困難です。北のゲートは一日一二時間開いていますが、時間はまったく決まっていません。そしてイスラエル兵がトラクターの通過を妨害することもしょっちゅうです。南ゲートは一日三回、それぞれ三〇分開きます。

農産物を売ることもできません。市場では二〇キロ箱のレモンが五シェケル（約一五〇円）です。その上、運転手に二シェケル、労働者に二シェケル払わなくてはなりませんから、農家に残るのは一シェケルです。ラマッラーやナブルスで売るためには、検問を何カ所も通らなくてはならず、いちいちトラックを乗り換える必要があります。届いたときには商品がひどい状態になり、売れなくなってしまいます。輸出は不可能です。

水？　村の六つの井戸は壁の向こう側にあります。汚染されたアッズーンの水をタンクローリーで運ばなくてはなりません。

要するに、ここに住むほとんどの人は生きる術を断たれているのです。さらに、ガザにいた入植者のために、壁の向こう側にもう一つ新たな入植地を作る計画があります。私たちは外国人と一緒に、素手でブルドーザーと闘っています。イスラエル側は私たちに催涙弾を浴びせ、威嚇射撃をします。闘いはうまく行きません。壁を見るとわかるでしょう。けれども、沈黙を破るためには有効です」

私たちは北ゲートに向かって丘を下った。北ゲートには有刺鉄線が張られ、黄色い金属製の柵が取り付けられ、砂袋を備えた詰め所小屋があった。兵士たちが、ロバの荷馬車に乗って畑から戻ってくる二人の老人に炎天下で足止めを食わせていた。私たちと一緒に来たFが、壁の向こうに残されたただ一軒の家を指さした。イスラエル軍が提示した立ち退き料の受け取りを拒否した農家だった。「家全部が一杯になるほどの金《きん》をもらっても、立ち去らない」。Fの叔父は、私たちが立っていた場所のすぐ近くの壁沿いに小さな土地を持っている。そこで彼は羊と山羊を飼い、野菜を育てている。壁の工事のときに根こそぎにされた二〇本ほどのオリーブの木を、彼はふたたび壁沿いに植えた。イスラエル軍は、その場所では緩衝地帯に二〇〇メートルなくてはならないとして、彼に撤去命令を出した。イスラエルがいつブルドーザーでやってくるかはわからない。

イスラエルの遵法主義に見られる様々な落差は理解に苦しむ。どうしてイスラエル軍は、一方では立ち退き料を提供しようとし、もう一方ではブルドーザーを送り込むのだろうか？　立ち退き料を拒否した農夫は「イスラエル領」にいるから、そこでは法律を尊重するとでも言うのだろうか？

　そのさらに北、平原を隔てた一つ向こうにある丘に沿って、トゥルカレムへ向かう道沿いの高台にもう一つの美しい村アッ・ラースがある。大多数の家に緑の旗〔ハマスの旗のこと〕がひるがえっていた。近くを通りかかった農夫が、村のすぐ下に壁が作られ、土地のほとんどが村から切り離されたと説明してくれた。状況はジャユースよりひどかった。というのも、畑に通じる唯一のゲートは三キロ離れたところにあり、村とゲートのあいだにイスラエル

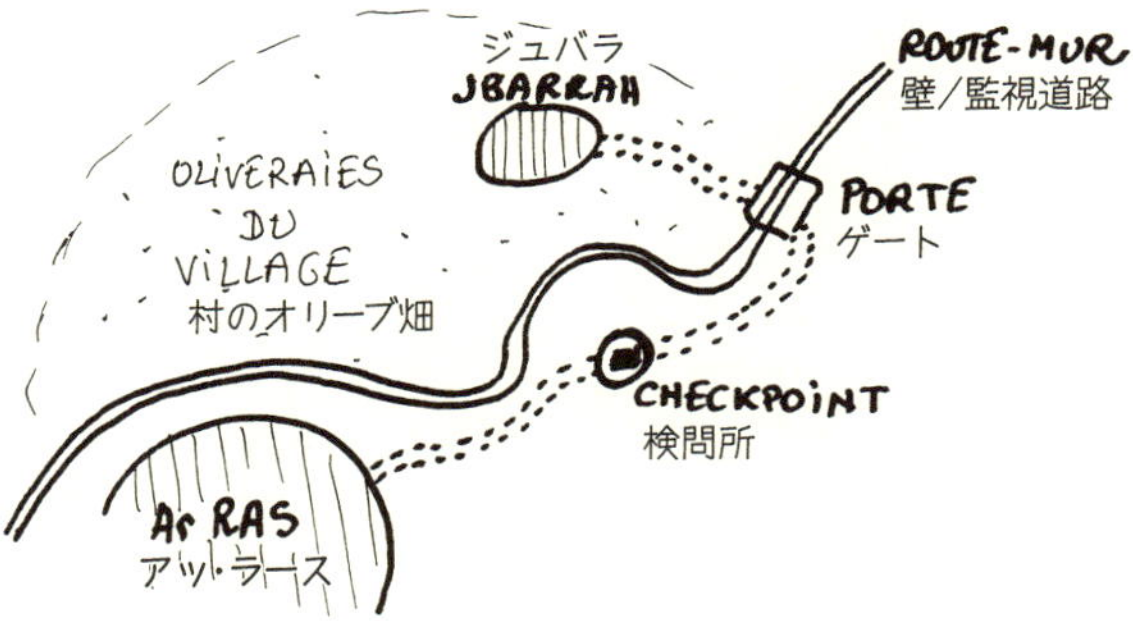

アッ・ラースの壁

軍が検問所を設けたからである。その結果、農夫たちは検問所と壁のゲートという二つの検問を続けて通らなくてはならなくなった。私たちに話しかけてきた農夫自身は、壁が建設されて以来、一度も自分の畑に行けたことがない。ここ数カ月、新たな許可は一件も出なかった。

壁の向こう側に、完全に孤立したジュバラの集落が見えた。ジュバラに住む二五〇人の住人がパレスチナ領に来るためには壁のゲートを通るしかない。私たちの即席ガイドによると、壁を後ろにずらしてジュバラを「本来の」側に戻す計画があるが、現在までまったく実現されていないという。

マスハは大きな町で、カルキリヤの南東約一五キロの平原にある。二〇〇三年に、壁の建設に反対する最初の抵抗キャンプが作られたのはマスハだった。抵抗キャンプには、村人と、外国から連帯で来た人々、イスラエル人が集まった。現在、壁が村を三方から取り囲み、かつてのキャンプがあった場所は緩衝地帯になっている。マスハには、壁のゲートさえない。壁の逆側にあるオリーブ園に行くためには、一五キロ移動しなくてはならない。つまり、村人たちは土地の中枢を失ったのである。

壁が建設され、アリエルの入植地とテルアビブを結ぶ（イスラエル人専用）高速道路ができるまでは、テルアビブに通ずる「旧」道に、パレスチナとイスラエルを含めた中でも最大の市場《いちば》の一つがあった。町を案内してくれたOはそこに三件の店を持ち、一月三〇〇〇ドルで貸していた。以前は交通量が多かったため、道を渡るのも難しかった。ピーク時には交通整理の警官が必要だった。今日《こんにち》、その道は壁により切断されている。人気のない道沿いに、鉄板造りのバラックが二キロ近くにわたって並び、ヘブライ語とロシア語の看板が往時の名残りを見せていた。

村は沈鬱で、住民に見捨てられたかのようだった。よそ者の目にそれとわかるような闘争心を示すもの――旗やグラフィティ、道ばたの団体事務所、子どもたちの楽しげな挨拶など――は見えなかった。商人のほうが農民よりも意気消沈しやすいのだろうか？

あるいは丘の上にある村よりも平野にある村のほうが簡単に降伏するのだろうか？

それにもかかわらず、パレスチナ人の抜け目なさを示すものはあった。隣村のアッ・ザウィーアとマスハをむすぶ道がアリエル＝テルアビブ高速道路の下をくぐって通っていた。トンネルの少し手前で小道が別れ、高速道路が走る丘の頂上に向かっていた。朝、とりわけ週の始めには、数十人の（彼らは「数百人」と言ったが、そういうことにしておこう）パレスチナ人労働者が、彼らを乗せるために数秒間停車するイスラエルのタクシーに乗ってテルアビブに向かう。そして週末（今日は週末だった）になるとちょうど流れは逆になり、高速道路の反対側で人々が降りる。そこでは、「公式の」検問所と同じように、タクシーが客待ちをし、屋台が果物や冷たい飲み物を売っている。占領という不幸のもと、パレスチナ人の機動的で器用な生活がほとんどありそうにない場所で生まれていた。兵士たちは、これらに見て見ぬふりをしているようだった。攻撃や何かがあった非常時には、イスラエル軍はトンネルの一〇〇メートル手前に移動式検問所を設置した。

アッズーンの西、ジャユースへの路上にある出入口に、英国の資金による病院が新たに建てられ、装備が整うのを待っていた。五〇メートル先には、村で二番目の水場となる深さ二五〇メートルの井戸があった。USAIDが掘って整備したものだった。イタリアのNGOに雇われた若者の一団が、強い日差しのもと、病院敷地の土留め壁を作るために働いていた。彼らは一日五〇シェケルを受け取っている。選挙で選ばれた政府へのボイコットと新規プロジェクトの凍結により、国際的な支援はたちまちパレスチナ民族全体に対する締め付けの道具へと姿を変えた。

この場所に、村のすれすれを通って壁が建築されるという噂が流れていた。西岸の様々な場所で、土地併合が全速力で進んでいた。

その日の午後、私の滞在先のAは、アッズーンのコミュニティ・センターにガンジーの一生に関する映画を見に行った。私が知り合ったほとんどのパレスチナ人は、武装闘争、レジスタンスの軍事化によって目標を達成することはできないと考えていた。けれども、非暴力の抵抗で何ができるのかについてはっきりした見解を聞いたことは一度もなく、せいぜい、曖昧で少しノスタルジックな方針を耳にするだけだった。「第一次インティファーダの抵抗に立ち帰り、人民抵抗委員会を作る」。ときおり、自己目的化された非暴力という、誤解されたガンジー主義の臭いが感じられた。新たな抵抗の形態が発明されるのはこれからのようだった。

すべてがイスラエルから来る

パレスチナ——とりわけヨルダン川西岸——は、青銅器時代に戻ることなしにイスラエル製品をボイコットすることができない世界中で唯一の場所である。電気、ガソリン、ガスボンベ、牛乳、小麦粉など、生活必需品はすべてイスラエルから来る。家を建てるときも、セメント、鉄筋、漆喰、ペンキはすべてイスラエル産である。さらに驚くべきことに、果物のほとんどと野菜の一部——そのとき最盛期にあった桃や杏——もゴラン〔シリア領だがイスラエルが占領している〕やガリラヤ産だった。タマネギや西瓜もイスラエル産と書かれた木箱に陳列されていた。それらは、たまたまそこに入っていただけではなかった。私が聞いた説明は次のようなものだった。（一）果樹や野菜の栽培に適した土地は壁によりイスラエルに没収された。（二）イスラエルの農産物は補助金を受け取っているため、市場に出される価格がパレスチナの農産物よりも安い。（三）パレスチナのトラックは自由に移動できないが、イスラエルのトラックはどこにでも制限なしに行ける。これらの説明は確かに正しい。それに加えて、何世紀にもわたって丘の上の土地で自分たちのオリーブを育ててきたパレスチナ人農夫の伝統的な気骨が、別のやり方に移るという考えや欲求を妨げていることもあげられるかもしれない。

移動が制限され、すべての輸出入はイスラエルを通すよう強制されたために、パレスチナではほとんど何も作れなくなった。あらゆる手段を用いてパレスチナの農業活動と工業を窒息させることにより、イスラエルは様々な面で利益を得ている。最も重要な第一の目的は、慢性的な貧困と失業（カルキリヤでは六六パーセント）をパレスチナにもたらすことで、抵抗精神を弱めることにある。その一方で、貧しいとはいえヨルダン川西岸に暮らす約三〇〇万人の住民は無視できない市場を形成している。さらに、パレスチナ人の首根っこを押さえておくことで、人件費の安い近隣諸国との潜在的な競争を避けることができる。パレスチナ人の燃料を一瞬にして奪い、暗黒に突き落とす力を持った依存関係についても指摘しておくべきだろう。

ホロコースト

ナブルスで私が付き合ったパレスチナ人のほとんどは政治教育を受けていたため、ナチスのガス室が存在していたと思うかどうか聞いてみようという考えは起きなかった。カルキリヤでは事情は違っていた。Aの義兄は感じのよい人物で、湾岸で教育を受け、建築業を起業していた。彼は私に、ホロコースト（ここではその言葉が使われている）は二〇世紀最大の嘘であり、アラファトがパレスチナ人の大義を裏切り続けていたとしても驚くにはあたらない、彼はユダヤ人なのだから、と述べた。

兄弟二人が営む店で携帯電話の修理を担当する活発な青年のAは、学校で、ドイツ人がユダヤ人を殺害したことを学んでいた。彼は、ユダヤ人指導者たち（彼は「特権階級」という言葉を使った）はドイツ人に賛同していたと考えていた。理由は？　生き残ったユダヤ人がパレスチナに出発できるように。

たくさんいる甥の一人で一六歳になる少年は、先生がホロコーストは嘘だと言ったという。本は？　その主題に関する本は一冊もない。というのも、印刷費を提供しているのはヨーロッパだから。彼自身はどう思っているのだろうか？　やはり嘘で、ユダヤ人ロビーによるプロパガンダの成功だと考えていた。彼は、アウシュヴィッツという名を聞いたこともなかった。

私を泊めてくれた兄弟のうち弟のAによると、ホロコーストがシオニストの発明品であるという考えはパレスチナでとても広まっているという。彼自身は、虐殺があったとは思うが、六〇〇万人という規模ではない、それはあり得ないと考えていた。

ナチスのジェノサイドを否定する見解は、次のようなねじれた三段論法に基づいていた。
・ユダヤ人は我々の土地を盗み、迫害している。
・ホロコーストがそれを道徳的に正当化している。
・したがってホロコーストは存在しない。
会話の中で、私は、おりに触れ、さりげなく自分がユダヤ人であることを知らせてきたが、驚きを掻き立てることはなかった。外で起きていることについてあまり知らされていない人々も含め、パレスチナ人のほとんどが、自分たちを支持するユダヤ人がいることを知っていた。私が話した相手の多くは、ユダヤ人だというだけでユダヤ人に反対することは決してないと明言した。「これまでずっと、ユダヤ人とは友好的に暮らしてきました」という言葉がどこでもくり返された。ユダヤ人と言えば兵士と入植者しか知らない若者でさえ、そう言った。ジェノサイドを否定することは、ヨーロッパ人が振りかざす反ユダヤ主義という武器と同じではなかった。それはパレスチナ人の迫害を正当化するためになされた歴史的欺瞞を修正しようとするものだった。

歴史を偽造してパレスチナ人の若者たちを危機に貶める人々を非難したエドワード・サイードにならい、ダルウィーシュを始めとするアラブの知識人が仕事をするときである。

アッズーンの新たな壁は、すぐに現実化した。本日（六月七日）、軍司令官が署名した命令が人々に配られた。命令は、マアレ・ショムロンとアルフェイ・メナシェの入植地をイスラエルと直接つなぐ道を建設するために、アッズーンとハブラで八九四ドゥナムの土地を没収することを告げていた。

III. ヘブロン／ Hébron

ヘブロン周辺図

国連OCHA Closure Maps 2007に準拠

グリーンライン
隔離壁
計画中の壁
入植地
検問所
道路封鎖
(土盛り、ブロック、ゲートを含む)

エルサレムを出ると、ヘブロンへ向かう道に沿って、入植地が果てしなく続いていた。ギロ、グッシュ・エツィオン……南に延びる大エルサレムである。エフラット入植地を過ぎると、パレスチナに入る。*丘にブドウが植わっている（ほとんどは木で、しばしばイタリアで見られるように、高さ二メートルほどの水平なブドウ棚に支えられている）。ヘブロンに入ると、町の中心にも、空地にも、工事現場にも、古代の石のあいまにも、ブドウの木が続く。ヘブロンでは、イスラエル軍に護衛された四〇〇人の入植者たちのために、一二万人の

* ギロ、グッシュ・エツィオン、エフラットの入植地はすべてグリーンラインのパレスチナ側にあるが、イスラエルの建てている壁のイスラエル側になっていて、大エルサレムの一部と化している。

パレスチナ人が生活できない状況に追いやられていると言われている。あまりに突飛な状況なので、実際に見ないと理解できない。さらに、外からヘブロンを訪れた人々にとって状況はすぐにはわからない。というのも、ヘブロンの郊外はパレスチナのほかの市街地と似通ったものだからである――埃っぽい道、がたがたになった建物。建設途中で中断された建物も多く、ラマッラーでと同様に不格好な新築の建物もある（最新のスタイルは、仏塔風の、四方に傾斜した二重の瓦屋根である）。

町の中心部では、事情は複雑である。それでも、簡単な言葉で事情を説明することができるだろう。ヘブロンは二つの区画に分割されている。H１地区（一八平方キロで住民は一〇万人）は曖昧ながらパレスチナが統治しており、H２地区（五平方キロで三万人の住民と四〇〇人の入植者）は完全にイスラエルの支配下にある。分割の経緯については色々なことを耳にしたが、大体、次のようにまとめることができると思う。パレスチナで現在起きている多くの災禍と同様、ヘブロンでも、問題はオスロ合意（一九九三年）から始まった。オスロ合意では、領土を三段階に区別することになっていたことを思い起こそう。A地区はパレスチナ自治区、C地区は全面的に占領軍が統治する地域、B地区はそのあいだである。オスロに続いて署名されたヘブロンの合意に基づき、町は一部がA地区に、別の一部がC地区に分割された。

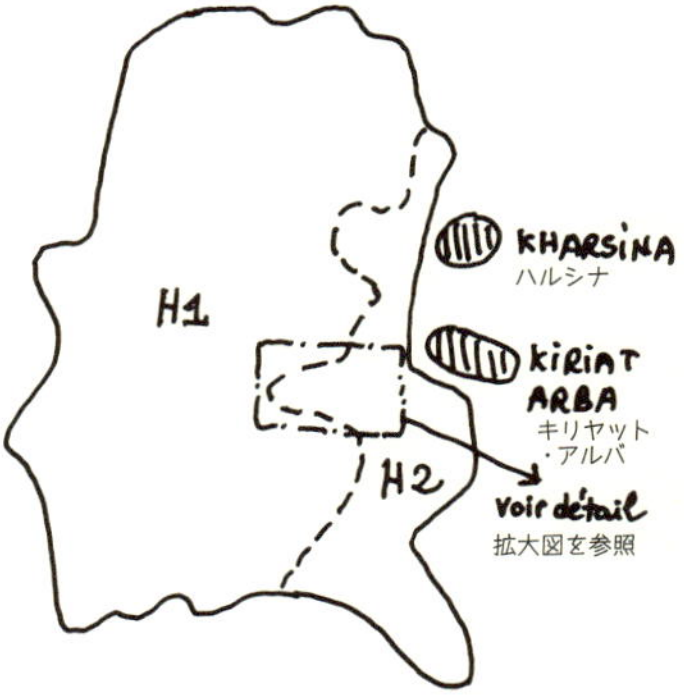

H1地区とH2地区へのヘブロン分断

一九九四年のラマダーンのときに、「族長たちの墓」で入植者の医師バルーフ・ゴールドシュタインが二九人のパレスチナ人信者を虐殺した事件は、ヘブロン版九・一一である。この虐殺のあと、パレスチナ全土でデモが行なわれたが、激しく弾圧された。罰すべきは犠牲者であるという確固たる原則に従い、その際、ヘブロンに外出禁止令が敷かれた。二カ月にわたってヘブロン全体に、そして、旧市街で

H1地区とH2地区へのヘブロン分断（拡大図）

はさらに六カ月。ヘブロンの物理的分割が始まったのはそのときだった。検問所が設置され、金属の柵と鉄条網が作られ、道の中央にコンクリート・ブロックが置かれた。これらは中心街と飛び地のあいだを移動――パレスチナ人の車はH２地区には入れないので徒歩かロバに乗っての移動である――する際に遠く回り道をしなくてはならないように設置された。パリでパンテオン＝アンヴァリッド記念館＝サンラザール＝シャトレを結ぶ四辺形がこれと同様に障害物で囲い込まれた状況を想像してみよう。ソルボンヌ広場とサンジャック通りが二〇〇六年春に金属板で封鎖されたとき、どんなにショックだっただろう。* この、一九九七年にネタニヤフ政権が公認したヘブロン分割は、かつてのベルリンのように壁で分断するものではなかった。入植者たちが壁を取り払ったのである。というのも、彼らにとっては町全体が自分たちのものだったから。

H2地区には四〇〇人の入植者が四大入植地（アヴラハム・アヴィヌ、ベイト・ロマノ、ベイト・ハダサー、アドモット・イシャイ）に暮らしている。入植者が住む大きな建物や住宅群は、旧市街そして西に延びるテル・ルメイダの丘に広がっている。入植者たちは、旧市街——とりわけ旧市場《いちば》周辺——で没収した家々の高い階を占拠している。同じ場所に三万人のパレスチナ人が踏みとどまっている。

ヘブロンの「パレスチナ人」地区であるH1地区では、一見したところ普通——ただし

＊ フランスでは若者の解雇を容易にする旨を盛り込んだCPE（初期雇用契約）制度の導入に反対するデモとストが二〇〇六年春全国規模で行われ、警官がソルボンヌ大学周辺を封鎖した。

ヨルダン川西岸で言う特別な意味での「普通」――に生活が続いているようである。けれども、H1地区で暮らす人々の中には、もともと旧市街やテル・ルメイダで暮らしていた人も多い。これらの人々は同じヘブロンの中で難民となっているのである。イスラエル軍はここで勝手気ままにふるまっており、毎晩、兵士たちは「容疑者」を逮捕するためにあちこちの家に突如侵入する――政治グループや政党のメンバーらしいというだけで容疑者と見なされ、密告者もいるため、人々は発言に慎重にならざるを得ない。私が泊めてもらった家はH1地区の中ではどちらかといえば住宅地域であるが、最近、兵士が隣の家を爆破した。私を泊めてくれた家族の年若い従兄弟は、前の週に逮捕され、どこにいるかわからないという。

その家族は以前からPFLP（パレスチナ解放人民戦線）派だった。数年前に亡くなった父親はPFLPの幹部で、繰り返し投獄されて拷問を受けていた。四人の息子のうち、二人は外国で勉強しており、子どものためのセンターで働いている三番目のSがヘブロンで私の案内役をつとめてくれた。四番目のTは工科学校への入試に向けて準備していた。末っ子の妹Rは高校生だった。母親はエクサンプロバンスとアンカレッジで勉強している上の二人の子どもを訪ねたことがあり、英語を話し、子どもの結婚相手をみつけてくる慣習に従わず、PFLPに投票した。

人生と運命

Sはヘブロンの工科大学で農業を教えている。彼はまた、パレスチナ自治政府で環境問題の顧問的役割を担っている。キリヤット・アルバ（ヘブロンの東に隣接する大きな入植地でユダヤ教原理主義者が暮らしている）の北東にある谷で暮らしている。その谷はS谷と家族の名前が付いており、主にブドウを栽培している。

「二〇〇〇年に、キリヤット・アルバから来た入植者たちが、私たちの土地の高台に住み着きました。彼らはそこに家を建て、柵で自分たちの家を取り囲み、子どもたちに暴力をふるったり、木々を引き抜いたり、車を焼き払ったりなど、嫌がらせを始めました。私たちは最高裁判所に訴え、裁判所は入植者たちは立ち去るべきだとの判決を下しましたが、入植者たちは居座り続けたのです（イスラエルでは最高裁判所には二重の役割がある。法律が合憲かどうか監視することに加え、行政や国に対して誰もが最高裁判所に訴えを起こすことができる）。インティファーダのとき、入植者たちのボスが一人殺されました。何千人という入植者たちが村を襲撃し、家の中のものをすべて壊し、放火しようとし、九〇歳を超える私の父を殴りつけました。私たちはイスラエル軍の兵士を呼びましたが、兵士たちは何もしませんでした。行政府（行政府という名前だが、イスラエルの占領軍事当局のことである）に行きましたが、警察に回され、警察では何時間も足止めをくった末に、できることは何もないと言われたのです。

それ以来、毎週金曜日になると入植者たちがやってきて私たちの土地にあらゆる危害を加えます。ブドウの木を切ったり、支柱を引き抜いたり、木を根こそぎ抜き倒したり……行政府は土地が私たちの所有になることを示す証明を要求しました。オスマン帝国時代の文書を提示しました。最高裁判所は、土地が私たちのものなのか、今後は入植者たちに属することになるのか、決着をつけなくてはなりません」

Aは三〇歳くらいの若い女性で、自分の見解を完璧なフランス語で語った。彼女はカイロのフランス語学校で勉強し、アンマンでフランス語の修士号を取得したという。六年前からヘブロンに暮らしている――パレスチナ人と結婚し、子どもが二人いる。彼女は、ヨルダンの国籍を失ったが、パレスチナ市民にもなっていない。ヘブロンに暮らす不法住民の中にはヨルダン人が少なくないと彼女は説明する。これらの人々は、捕まれば、ヨルダンに送り返される。ヨルダン当局が彼女のことを好ましく思っていないため、彼女の場合、送り返されたら監獄に入れられることになるらしい。彼女自身は、検問所を通ることはできず、路上のパトロールも避け、無国籍者として秘密の生活を送っているが、幸い子どもたちは正規の書類を持っているという。

Iが私たちをヘブロンのはずれにあるとても貧しい家に招いてくれた。彼女は四五歳くらい、あるいはもっと若いかもしれない。疲労の痕が顔に刻まれ、間断なくタバコを吸っていた。居間の壁には四枚の顔写真が引き延ばされて掲げられていた。現在、投獄されている家族の肖像。夫はヘブロンのPFLP指導者の一人だった。彼は一五歳のときに最初に投獄され、合計で一五年間を牢屋で暮らしてきた。このたびは、六五歳にして禁固七年の有罪判決を受けたが、心臓病のため、アシュケロンの刑務所で入院している。恐らく釈放されるだろう——ただし、「その前に死ななければ」。彼女には四人の息子がいる。そのうち二一歳と二〇歳の二人は三年前に逮捕された。イスラエル兵が朝の四時に二人を探しに来て、扉を爆破し、家の中をめちゃくちゃに壊していった。それから、それぞれ禁固五年と七年の有罪判決を受けた。二人は別の刑務所——一人はネゲヴにあるベエル・シェバ、もう一人はエジプトの国境近くにあるナフハ――に入れられている。もう一人、二三歳になる息子は大学生で、二カ月前に逮捕された。現在、ラマッラー近くのオフェル刑務所で行政拘禁されている。四人目の子どもは一四歳で、彼が家長の代わりをつとめている。

囚人の親の多くがそうであるように、この一家もイスラエル軍の標的とされている。兵士たちは夜、頻繁に家を訪れ、家宅捜索をし、残されたわずかなものを破壊し、めぼしいものを略奪し、次はもっとひどいことになると脅しの言葉を声高に吐き捨てる。

Iは毎週、刑務所にいる家族の一人を訪れる。昨日は夫に会うためにアシュケロンまで旅をした。赤十字のバスが出発するのは朝の四時で、戻ってくるのは真夜中である。自治政府から囚人への「支給金」はもはや支払われていないため、彼女は刑務所にいる家族にお金を送ることができないでいる。そのため、刑務所内の家族は、刑務所の食堂も電話も使えない。彼女自身、生活の糧はなく、隣人たちに借金をしている。

子どもたちは禁固刑に加え、高額の罰金刑——一人数万シェケル——も言い渡された。その額を支払えなければ、刑期を終えても釈放されない。

Nは旧市街に店と家を所有している。すぐ近くには、最近建てられた大きな入植地の一つがある。Nは三六歳だが、五〇歳くらいに見える。一九九七年からここに住んでいる——その前の七年間は刑務所に入れられていた。八人の子どもがいる。入植者たちは、入植地を建設する前に、彼のところに来て、立ち退き料として高額の金を払うと述べたが、彼はそれを拒絶した。子どもに気をつけろと脅迫された。一九九八年、外出禁止令が布かれていた中で、妻が出産を迎えた。イスラエル兵が救急車を通さなかったため、子どもは死んだ。彼がふたたび家の売却を拒否したあと、入植者たちは一二歳になる息子の頭を銃床で殴りつけ、殺そうとした。一〇歳の子どもも鉄棒で殴られた。新たに妊娠六カ月だった妻は、家の中に投げ込まれた催涙爆弾の爆発で流産した。それでも彼は、家の売却と立ち退きを拒否している。

旧市街

Ｆはヘブロンを案内してくれているＳの親友で、いわば地獄の中の地獄であるテル・ルメイダの斜面に、家族と一緒に暮らしている。市当局（ずっと前からファタハだった――ヘブロンは前回の地方選挙に関係なかった）のために電気料金を回収する仕事をしている。私は彼が仕事で町を巡回するのに同行した。まず、Ｈ１地区の活気ある目抜き通りがスタートだった。肉屋、床屋、衣料品やカセット、食器を売る店などに立ち寄った。ほとんどが、以前は旧市街で営業していた店だった。旧市街の店は放棄せざるを得ず、悲嘆に暮れた表情で、現在の粗末な屋台を見せてくれた。そのほかの人々――特に八百屋――はヘブロンの外から町に来ていた。自宅を夜中に出て、とても早く店を閉めなくてはならない。というのも、移動には何時間もかかるし、四時以降に店を開いていると兵士たちが来て店を「取り調べる」ためである。

旧市街に近づくにつれ道は活気を失い、H２地区の旧市場《いちば》に入るやいなや、早足に通り過ぎる人をほんのときおり見かけるだけになる。Fは開いているいくつかの店――文房具屋、パン屋、肉屋――で仕事を続けた。これらの店は、屈服しないためにそこに留まっているが、何一つ商品は売れないので、電気料金を払えず、分割払いにしている。この無人地帯にあえて来ようという客は一人もいない。

パレスチナ人たちは、店の高さに合わせて、道の一方から他方に金網を取り付けた。金網は鉄柱で支えられている。上の階を占拠した入植者たちが投げるビール瓶やゴミ、煉瓦片から通行人を守るためだった。旧市街のすばらしい石の装飾は、ごたごたした金属やコンクリートの陰に隠れてしまった。これらは結膜炎のように広がり、柵や金網が道路をふさぎ、放棄された店には鋼鉄の入り口が取り付けられ、車道の真ん中に砂袋と有刺鉄線、金網、コンクリート・ブロックでできた小さなトーチカが作られていた。脇道はすべて閉鎖され、人っ子一人いなかった。H１地区とH２地区の境目は、ベルリンの壁

ヘブロン旧市街

のようにまっすぐではなかった。入植地を取り込み、パレスチナ人居住区を除外するよう、境界は旧市街をジグザグに走っていた。屋上や十字路には監視ポストが設置されていたが、それらは中に兵士がいるかどうか道からはわからないように覆われていた。ナブルスの旧市街からは高圧鍋のような印象を受けたが、ヘブロンの旧市街はゴーストタウンのようだった。「破滅の後」というテーマで一九七〇年代に作られたような未来予測的映画の舞台にふさわしかった。

私が滞在していた家の末っ子で幼いRが病気になった。健康保険がなかったので、市立病院への入院は認められなかったが、受付と廊下の様子から判断すると、それは彼女にとってそれほど悪いことではなかった。彼女は「患者の友協会」病院に送られた。そこは手入れの行き届いた清潔な施設で、医師——その医師のふるまいから、彼が米国で学んだことは確実だった——から適切な手当を受けることになった。Rは翌日退院した。

この私立病院――ハマスが運営していると聞いた――では、一日の入院費用に五〇〇シェケル（約一万五〇〇〇円）かかるが、支払いができない患者が追い返されることはない。

女性の権利

パレスチナ女性委員会組合の書記が、市立病院の向かいの何もない事務所に私たちを迎え入れてくれた。彼女は五〇歳くらいの活発な女性で、ベールをつけ、ジーンズをはいていた（ヘブロンの女性はほとんど皆ベールをつけているが、宗教的な意味合いと習慣との違いは明らかだった）。彼女は、ヘブロンで二〇年前から活動しているこの組織で、ボランティアとして働いている。生計は、女性問題技術委員会という別の組織でコーディネーターをすることから得ている。結婚しておらず、子どももいない。

――占領はヘブロンの女性にどんな影響を与えていますか？

「占領はあらゆる人に影響を与えています。女性の責任はますます大きくなっています。

夫が投獄されたり失業する中で、女性たちが家の外で家計を支えるために働かなくてはなりません」

——選挙でハマスが勝ったことで、女性の権利が脅かされると思いますか？

「ハマス政府がどんなことをするか、私たちにはまだはっきりわかっていません。接触もありません。現在のところ、ハマスとのあいだにまったく問題はありません。選挙の前に、現議会で議長を務めるアジズ・ドウェイク［彼は八月七日、イスラエルに誘拐された］との会見に参加しました。彼は、ハマスが私たちの活動に干渉しないこと、そして法律を変えるとしても、女性にとって有利な方向に変えることを約束しました」

——例えば？

「パレスチナの文化では、結婚していない男女が関係を持つことを禁じています。これは重要な点です。その場合に責任を負わされ罰せられるのはいつも女性なのです」

——誰が罰するのですか？

「家族です。農村部では、今でも女性は殺されかねません。ドウェイクは、女性が家族に殺されたとき、それを実行した兄弟や従兄弟を殺人罪で裁くような法律を作ると約束しました」

——改善すべき最も重要な点は何だと思いますか？

「結婚年齢を引き上げることです。現在、一五歳、場合によってはもっと若い年齢で女性が結婚します。ここでは、一家族に六、七人の子どもがいます。娘たちは、やっかい払いのために、最初に機会があった相手とあまりに簡単に結婚させられます。結婚の最低年齢を一八歳にすべきです。離婚の問題もあります。男性から離婚するのは簡単ですが、女性にとって離婚は、理屈の上では可能でも、実際には困難です。一五歳で結婚し、すぐに子どもを作り、勉強する機会のなかった女性を考えてみて下さい。夫から離婚されても、彼女には働くすべがありません。何をしてよいかわからず、途方にくれてしまうのです。そんなケースはとても多いのです」

——あなたの協会が発行している新聞で、アフマド・サアダト（イスラエルの刑務所に投獄されているPFLPの総書記）の写真を見ました。PFLPに近いのでしょうか？

「（どっと笑って）私たちの組合で活動する女性たちは政治的意識がとても高いのです」

——イスラエルの女性たちと接触はありますか？　あるいは接触を考えていますか？

「イスラエルとは連絡を取っていません。女性の権利についてやるべきことはここだけでも十分すぎるほどあります。さらに、エリコ刑務所事件（エリコで国際的な監視のもとにいたPFLPの指導者たち——その一人がサアダトだった——をイスラエルが逮捕した）*以後、私たちはイスラエル人を信頼していません」

テル・ルメイダ（一）

六月一二日。パレスチナの高校は卒業試験の初日だった。ケティは朝八時から丘のふもとにある検問所のそばに座っていた。町に行こうとする少年少女が検問所で止められ、まるまる一年を無駄にすることのないようにするためだった。彼女は体の大きな若いアメリカ人で、浅黒い髪を青く染め、サンフランシスコでは画家をしている。ＩＳＭ（国際連帯運動）という小さな組織の一員で、丘の上にある小さなアパートで共同生活を送っているメンバーたちは主にカリフォルニア州から来ていた。学期中、彼女たちの主な役割は、子どもたちに付き添い、ベイト・ハダサーの入植者たちが石を投げたり、犬をけしかけたり、ランドセルやベールを奪い取ったり、学校に続く険しい階段から子どもたちを突き落としたりしないように、子どもたちを守ることだった。ＩＳＭのメンバーも入植者から攻撃されることがあった。入植者たちは米国出身のユダヤ教正統派だった（ケティに

＊　二〇〇六年三月、イスラエル軍はエリコにあるパレスチナ自治政府管轄の刑務所を攻撃し、囚人の投降を強制した。囚人と看守の二人が殺害されている。この攻撃の目標は、収監され英米の監視団のもとに置かれていたＰＦＬＰの幹部で、サアダトらはイスラエルに連行された。アッバス大統領がハマスの選挙勝利を受けて、サアダトらの釈放を検討していた矢先だった。

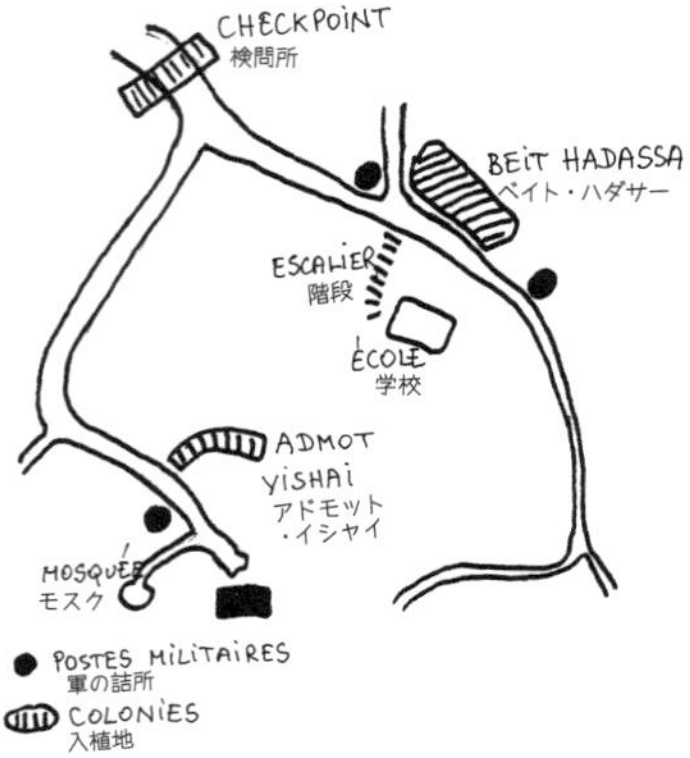

ヘブロン、テル・ルメイダの丘

よるとブルックリン出身だという）。「私たちは、パレスチナの人々の求めに応じて活動します。子どもたちを支援し、オリーブの収穫を手伝い、入植者の残虐行為をビデオに録画します。ここで暮らし続ける、勇気のある人々を助けるためにできるだけのことをしています」

　道路掃除の人が、コーヒーを持ってきてくれた。高校に通う少年少女が本をかかえて通りかかり、ケティの名前を呼んで挨拶していった。退屈したイスラエル兵たちが、砂袋を備えた哨舎と検問所のあいだを行ったり来たりしていた。兵士たちの銃がなければ、ちょっとした村の広場のような雰囲気だった。

　最後の少年たちが無事検問所を通過し、私たちは丘に向かった。検問所を通れば、軍

のキャンプが占拠している丘の頂上に向かうことも
できたし、まっすぐベイト・ハダサーに向かうこと
もできた。ベイト・ハダサーは最近建てられた一群
の白い建物からなる入植地で、イェシバー（ユダヤ
教宗教学院）と巨大な宿舎もあった。ベイト・ハダ
サーのすぐ手前には軍の詰所があり、パレスチナ人
の通過を禁じていた。入植地に面して、不揃いな幅
の急な階段が学校に向かって上っていた。ＩＳＭの
外国人たちは学期中、毎朝そこに立って、子どもた
ちが通過するのを守っていた。ヘブロン再建委員会
が最近、この階段に鉄製の手すりを取り付けた。テ
ル・ルメイダの頂上近くには、今でも樹齢一〇〇年

アラブ人をガス室に送れ

前後のオリーブの木が立っており、廃墟となった小屋の壁には汚いグラフィティが書かれていた。命令形で「アラブ人をガス室に送れ」と書かれたものもあった。

三つの政治

A・S・Dはオーベルジュ地方の農夫と同じように、体は大きいが饒舌な方ではなかった。彼は、友好的に、けれどもパレスチナでよくある過剰な歓待の態度なしに、自分の話をしてくれた。

「私の名はA・S・Dで、PFLPのメンバーです。五八歳で、一九六七年から人民戦線に参加し、ずっと占領と闘っています。ヨルダンとカイロで学び、今はヘブロンの工科大学で経済を教えています。この二〇年、パレスチナの外に出ることは禁じられています。

イスラエルの刑務所では一七年間を過ごしました。最初に投獄されたのは一九七二年、学生のリーダーだったときです。次は一九七五年で、イスラエルのブラック・パンサー党

（イスラエルのセファルディ〔スペイン・ポルトガル・北アフリカ系のユダヤ人〕の権利を求めて闘う運動）と一緒に組織を作ろうとしたためです」

——パレスチナ人とイスラエル人が協力して占領と闘おうとした先駆的な存在ですね……

「そうです。当時、ブラック・パンサーの指導者の一人、ダニー・サイルと一緒に活動していました。彼はフランスに逃げることができました。彼とはそれ以来会っていません。彼がどうなったかはわかりません。モサドに暗殺されたかもしれません」

——宗教的な運動だったのでしょうか？

「中にはそういう人もいたでしょうが、全員ではありません。あらゆる種類の差別に反対して闘うことが人々を結びつけていたのです。セファルディへの差別にもパレスチナ人の差別にも反対することです」

——現在のファタハとハマスの対立についてはどのような立場ですか？

「ＰＦＬＰはＰＬＯの一員です。ＰＬＯは、パレスチナ内部の人々もディアスポラの人々も含め、パレスチナ人の抵抗運動全体を再構成しました。PLOを飲み込み、その内実を空っぽにしてしまったファタハには反対です。腐敗についてはいうまでもありません。私たちは歴史的なパレスチナの地で、非宗教的で民主的な単一の国家を求めています。その目的を達成するために、現在のところ私たちは、どちらかといえばファタハよりもハマス寄りです。ハマスと同様、私たちも、今は交渉すべきではなく、闘いを中断すべきではないと思います。私たちとは違う考えを持っている人々とも共闘しなくてはなりません。イタリア内戦のとき、共産主義者はカトリックと共闘しました。

私たちはイスラエル国家を承認することには反対です。と言っても、イスラエルの人々が恐れる必要はありません。私たちは伝統的にユダヤ人と仲良く暮らしてきたのですから」

——占領に反対するイスラエル人と協力しようと思っていますか?

「イスラエルにいる真の左派のことは深く尊敬しています。けれども、今のところ、イスラエルでの階級闘争に多くを期待することはできません。イスラエルの資本主義はとても強力です」

——パレスチナに対するアラブ諸国の現在の態度についてはどう思いますか?

「(冷静さを失って)アラブ諸国の政府はすべて敵だと考えています。もしかするとイスラエル以上の敵かもしれません。アラブ諸国に民主的な政府が一つもないのは破滅的なことです。私たちはアラブ諸国の革命勢力を支持します。腐敗したアラブ政権はすべて打倒しなくてはなりません」

——現在、占領に対する抵抗をどういうかたちで進めるべきなのでしょうか?

「少なくとも現在のところは、武装闘争は失敗に終わるだけです。第一次インティファーダの闘いを思い出し、非暴力のレジスタンスを作り出し、人民委員会を創設してその活動を推進する必要があります。そのために、集団的意志決定を行なう民主的な指導部が必要です。権力の私有化を終わらせなくてはいけません。民主的な指導部ができれば、世界に向けて語りかけることができますし、パレスチナ人の行動とイスラエルの真の左派とを連携させることができます。

次に、生活様式も変えなくてはなりません。すべてをイスラエルに依存する生活をやめ、鶏を飼い、庭でトマトを栽培する必要があります」

婦人科医のS博士は、新たな評議会（立法議会）のファタハ代表で、全国区名簿で選挙に当選した。選挙の前には、彼女はファタハの地方部門で書記をしていた。整形外科医の夫が同席する中、彼女は自分の見解を話してくれた。

——選挙で敗北を喫してから、ファタハは復活のためにどのような対策を取っているのでしょうか？

「投票結果は、私たちの失敗に人々の罰が下されたものです。私たちが行なった和平プロセスは何一つうまく行きませんでした。人々はそれについて選挙でファタハに制裁を加えたのです。さらに汚職の問題があります。ただし、それが現在法廷で扱われていることは知っておいて下さい［それを耳にしたのは初めてだったが、目くじらはたてないことにした］」

――私がパレスチナに来たのはつい最近ですが、ファタハが選挙結果の承認を拒否していると何度も聞きました……

「まさか！　異なる政策を持つ二つの政党があります。ただそれだけです。対立を煽っているのはイスラエルです」

――しつこくてすみません。けれども、ファタハは、ハマスを追い込むために、パレスチナの現在の窮状を利用しようとしているのではないでしょうか？

「決してそんなことはありません！　三カ月にわたって給料を受け取っていない公務員は、ファタハの人々です。私たちの側なのです！」

――これからどうなるとお考えですか？

「オルメルト〔エフード・オルメルト。二〇〇六年三月のイスラエル総選挙で第一党となったカディマを率いる、当時は首相代行。その後、首相〕の計画は、パレスチナ人を弾圧し、追い出そうというものです。腹黒い追放計画です。経済をふたたび軌道に載せるために団結しなくてはなりません」

――けれども、一つも同意点のない人々のあいだで団結した政府というのは……

（夫）「ご存じのように、政党はパレスチナ人の三〇％を代表しているだけで、七〇％の人々は政治的に中立です。和平プロセスがふたたび進めば、人々は私たちの側に戻ってきます」

（彼女が言葉を引き継いで）「捕虜に関する提案は良いもので、とても広く受け容れられています。ハマスはそれを拒否しましたが、彼らにはスローガンはあっても具体的な政策がありません。ハマスは現実的でないのです。現在の保健相に化学療法、人工透析、臓器移植などの重要な問題を尋ねたことがあります。彼はどれ一つとして知りませんでした。専門家でもなければ、能力もないのです」

——（私に同行していたSが、いささか乱暴に）しかし、ファタハが権力を握っていたときにいったい何をしたというのでしょうか？

「私たちが仕事を始めたときには、何もありませんでした。すべての体制をゼロから作りました。現在、ハマスの仕事ははるかに楽なはずです」

ハマス（四）

Mはヘブロンで、あるハマス議員の事務所を統括している。彼は四〇歳くらいで、話し始めるなり、すぐに、自分はイスラエルの刑務所に一三年間投獄されていたと語った。驚いたことに彼は時間通り現れ、すぐに、二〇分しか時間は割けないとはっきり言った。

——フランスではハマスについて否定的なことがたくさん語られています。宗教的にファナティックだとか、パレスチナをシャーリア〔イスラム法〕にもとづくイスラム共和国にしようとしているとか、女性の権利を抑圧しようとしているとか……。そうした批判についてどう思いますか？

「現政権は民主的な選挙で生まれたものです。むろん占領下で行なわれたものですが、選挙は規則に則って行なわれました。パレスチナの人々が急にファナティックな信者になったと考えるのは理性的でしょうか？　ハマスは、民主主義というものはまず第一に他者を受け容れることだと考えています。宗教についても、それ以外の点についてもです。私たちは、宗教は個人的なもので、神とその人のあいだの個人的な問題だと考えています。誰に対しても、宗教的であれとか宗教的にふるまえなどと強制はしません。この点についても、そしてほかの多くの点についても、ハマスと、たとえばタリバンなどとのあいだにはとても大きな違いがあります［しばらくあとで、彼がそこで言ったことは、ムスリム同胞団の教義と一致しているとミシェル・ワルシャウスキーが私に教えてくれた］」

――イスラエル国家を破壊し、ユダヤ人を元いた国々に追放したいと考えていると言われていますが。

「政党としてハマスははっきりと暴力に反対する立場を採っています。ハマスと選挙で選ばれた政府は、どんなかたちの人種差別にも反対します。ユダヤ人に対して憎しみは少しも抱いていません。ユダヤ人は、昔のようにこの地で、私たちと平和的に暮らす権利を持っています。私たちは一九六七年の境界にもとづいてパレスチナ国家を作ることに賛成しています。まずその境界に立ち戻り、それから次のステップに進むのです。ヨルダン川西岸の半分とエルサレム全部を併合したイスラエル国家というものは承認しません。イスラエルが言動ともに私たちの権利を承認するならば、私たちはイスラエル国家を承認します」

フランスのメディアにおけるハマスの扱いは、まるで戯画《カリカチュア》である。永年にわたるハマスの展開——その結果パレスチナの第一党になった——には目を向けず、断固たる非妥協性と過激派とを区別できずに混同している。私が話しをしたハマスの幹部たちは、誰一人として西洋世界が思いこんでいる紋切り型には当てはまらなかった。落ち着いた行政官として分別のある言葉を使い、呪い文句も吐かず、ターバンも銃も身につけていなかった。パレスチナを短期間だけ訪れた外国人向けに準備された話しをしているのだと言うこともできるだろうが、私が滞在した町には訪れる外国人などいなかったのだから、そうしたところで利益があるとも思えない。

Sは、自分の考えではパレスチナにはメディアがないと思うと述べた。実際には、私が目にしたメディアでは、主要紙の『アル・クッズ』はアシェット・グループが発行するフランスの地方タブロイド紙のようで、「全国」テレビとラジオは皆無である。アルジャジーラを見る人は多いが、私が理解する範囲では、アラブ版CNNといったところである。インターネットは情報を得る手段というより娯楽の色彩が強い。また、旅行できる人の数はとても少ないので、パレスチナ人の大部分は、自分の国で何が起きているかにあまり通じていない。ヘブロンの友人たちにナブルスで見たことを話したとき、彼らは、はるか遠くの町のことを話しているかのように私の話を聞いていた。外国の出来事、とりわけイスラエルで起きていることについてはさらに情報が少ない。タアユーシュ(「共に生きる」――ユダヤ人とイスラエルのパレスチナ人市民からなる組織で、占領地の町や村に食料や医薬品を運ぶコンヴォイを送っている)のようなグループの存在を知っているのは政治的意識が最も高い人々だけである。イスラエルに住むパレスチナ人との関係もとても薄れているように見えた。フランスでは、第二次世界大戦のときに、ロンドンの放送やラジオ・スイスを聞いていたが、ここでは、近隣諸国のラジオやテレビから多くを期待することはできない。その上、日常生活の困難と地域ごとの伝統の重み(とりわけヘブロンの伝統は重いと人々はいう)もあって、人々は何よりもまず地元の視点で考える。情報不足は占領がもたらした重大な問題であり、小集団に分断されずにレジスタンスを進めるためには大きなハンディキャップとなっている。この点を改善することは、観光も財政も交通もないのに観光省や大蔵省や運輸省を機能させようとするよりも有益であるように思われる。

土地を増やし、アラブ人を減らせ

A・Hは、ヘブロンで「土地防衛委員会」事務所の代表を務めている。「土地防衛委員会」は一九九五年に設立されたNGOで、家を壊されたり土地を収奪された人々の相談にのり、支援している。西岸のメンバーは一六人で、全員がボランティアである。

「家屋破壊命令をイスラエル軍から受け取ったとき――「無許可」で家を建てるとしょっちゅうなのですが――一週間以内にラマッラーの軍事法廷（軍事評議会）に訴えることができます。訴えが却下されたとき――それもしょっちゅうなのですが――イスラエルの最高裁に訴えることができます。そうした手続きを助けるのです。「無許可」について言うと、一九年前からパレスチナ人には家屋建築許可がまったく下りていないことを思い起こす必要があります。人口の自然増加を抑える手段の一つなのです。

ヘブロンとキリヤット・アルバの東で、イスラエル人は一九九六年に広い地域（五〇〇〇

〈クタール〉を没収し、一九九八年にはそこの洞窟にずっと昔から暮らして羊を育てていた九八家族を追放しました。彼らは真冬、雪の降る中を、ヘブロンの南に追い立てられたのです。私たちはこれらの人々を支援し、最高裁に訴えました。二〇〇二年、最高裁は、彼らをもとの土地に戻らせるよう命じました。現在、イスラエル軍はふたたび彼らを追い出そうとしています。オスマン帝国時代の日付を持つ文書が、その土地は彼らのものであることを証明しているにもかかわらず、追い出そうとしているのです。イスラエル軍は、その場所を射撃場に変えて、丘の上に標的を設けようとしています。少し南には、放射性物質の廃棄場を作りました。

キリヤット・アルバの北には、ハルシナという別の大きな入植地があります。イスラエルは壁をつくることで、二つの入植地を合体させようとしているようで、そうなればそのあいだに住んでいるパレスチナ人一〇〇家族は孤立してしまいます。土地は没収され、人々は許可なしには出入りできなくなります。

基幹となる壁はヨルダン川西岸の南を封鎖し、さらに東を封鎖するように伸びています。ヨルダン渓谷はすべてイスラエル側になります。オルメルトの計画が完了すれば、西岸は一五の区画に分かれることになります。一方には、イスラエルの入植地が六グループあります。

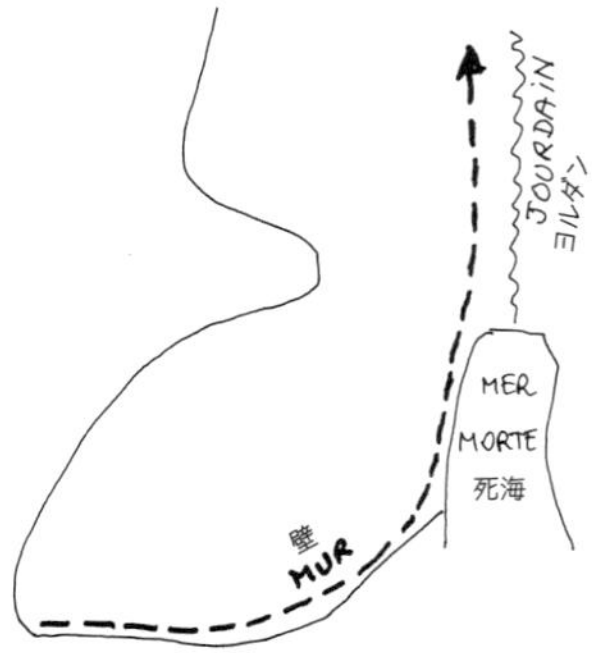

壁は西岸の南を封鎖し、さらに東を封鎖するように伸びる

・ヨルダン渓谷。
・アリエル・ブロック。ここにはカルキリヤ／トゥルカレム地方の入植地が含まれます。
・エルサレム北部の入植地からなるグループ。
・マアレ・アドミム。エルサレムから東に延びる地区で、西岸を二分します。
・グッシュ・エツィオン。ここも大エルサレムを構成することになります。

・ヘブロン旧市街、キリヤット・アルバとハルシナの入植地を共通の壁でつなげた地区。二つの障壁が設けられることになるでしょう。一つはテル・ルメイダの丘からイブラヒーム・モスクを結ぶ障壁、もう一つはモスクとキリヤット・アルバを結ぶ障壁です。

これら六つの基本グループのほかに、それらとは離れた入植地が相互に結びつけられることになります。例えば私たちの地域では、カルキリヤ地域を分断しているような侵入禁止道路が、ヘブロンの南に東西に並んで存在する小さな入植地を結びつけることになるでしょう。それによって、西岸の南端部分は完全に孤立し、イスラエルとの分離壁と侵入禁止道路とのあいだで身動きが取れなくなります。小さな入植地があちこちに散在しているのは偶然ではありません。西岸地区の支配を可能にするような場所に作られているのです。

一方、パレスチナの人々が暮らす地区は主に八カ所となります。それらの地区は分断され、小さな道やトンネルで結ばれるだけになります(西岸にはすでに一八のトンネルがあり、そのうち五つがヘブロンにある）。それらの地域は、壁、壁のゲート、「ターミナル」〔検問所の一種で、ハイテク設備を整え、恒久的な施設になっているもの〕、検問所によって、完全にイスラエルの支配下に置かれます。それをいつでも都合よく『パレスチナ国家』と呼ぶことができるわけです」

イスラエル政府は様々な観点から「分離壁」を正当化しようとしているが、そのために使われる議論の信憑性は様々である。壁が治安のために建設されているわけではないことははっきりしている。命を賭けてでも壁を乗り越えようとすれば、乗り越えることができる（少なくとも西岸では。縦三〇キロ横一〇キロからなるガザでは事情は異なるかもしれない）。計画が、イスラエルがパレスチナの土地を最大限手に入れるべく念入りに準備されたものであることはどんな地図を見てもわかる——これについては不在による証明が成り立つ。つまり、だからこそ、イスラエルは地図をまったく公表していない。一方、壁はイスラエル「左派」の計画——「彼らのものは彼らに、我々のものは我々に」——

を実現する手段であるという議論は、一見、説得力があるように思える。けれども、この議論は完全な欺瞞である。「壁」だけを考えるのではなく、〈壁＋入植地＋通行禁止道路＋立入禁止軍事地域＋検問所〉の集合体を考える必要がある。それを考えると、「彼らのもの」など存在しない。ナブルスとヘブロンは壁からかなり離れているが、それでも完全に包囲され、イスラエルの支配下に置かれている。

「彼らのものは彼らに」という計画を字義通りに考えるならば、それには少なくとも、入植地すべての撤去が含まれるはずである。「イスラエルに近い入植地地区はイスラエルに併合する」というのは、西岸の大部分を併合し、残りの地区での生活を不可能にすることである。ところで、それら入植地の印象的な町並み――多くはまさしく完全な町である――と、入植地を囲む整備されたインフラを見る限り、イスラエル人たちがいつの日か自発的に入植地を放棄するとは考えがたい。現在のイスラエル政府は「大イスラエルを断念」したと言われる。だが実際には実現できそうにない大イスラエルという目標のかわりに、別の名前で同じことを実現することにしたに過ぎない——それには「国際社会」に受け容れられやすいという利点もある。

「壁」というのは偽りの言葉である。「占領」という言葉もやはり現実を偽っている。私たちは、「併合」を語らなくてはならない。

二週間前に逮捕されたSの従兄弟について、今日（六月一五日）、ニュースがあった。彼はアシュケロンの刑務所で行政拘禁されている。行政拘禁は三カ月から六カ月にわたり、無期限に更新できるもので、具体的な罪のない人々を投獄する手段として使われている。予審もなく、弁護士も付かず、裁判も行なわれない。ただ投獄するだけ、まさにそれだけである。

テル・ルメイダ（二）

丘の上にある学校の校長Rが私たちを自宅に招いてくれた。ベイト・ハダサーの入植地を向いた窓とバルコニーには金網が取り付けられ、入植者たちが投げる石から家を守っていた。彼女は微笑みながら、「刑務所という言葉を使うのはおかしなことですが、そんな気持ちです」と言った。学校には六歳から一六歳まで二五人の子どもがいる。Rは一一年前からここで校長をしており、六〇歳になったため、今年で引退するという。

――生徒たちに現在の状況について話をしますか?

「生徒たちはすべてを自ら目にしています! 毎日、目の前で起きていることをよく知っています。平和とか忍耐について、どうやって生徒たちに話せばよいというのでしょうか。そんなことを言っても、私を信じません」

――最も難しいことは何ですか?

「生徒たちが学校に来れるようにすることです。丘のふもとにある検問所で、生徒たちはしょっちゅう兵士につかまります。検問を抜けると、学校がちょうどベイト・ハダサーに面しているので、入植者たちは生徒に石を投げ、犬をけしかけ、ランドセルや女の子のヴェールを奪い取るのです」

――このところ状況は少し良くなっているとは思いませんか？

「今朝、入植者たちがうちの庭の乾燥ハーブに火をつけようとしました。ハーブの収穫を妨害し、ハーブが大きくなったところで火をつけに来たのです。オリーブにも火をつけました。消防士を呼びましたが、道がすべて封鎖されていたため、到着したのはずいぶんあとでした。ようやく到着しても、放水圧が低すぎました。イスラエル兵たちは丘の下からすべてを見ていましたが、何もしませんでした」

――個人的に狙い撃ちされているのでしょうか？

「そうです。ここの入植者たちは全員、私のことを知っています。三週間前の夜、兵士たちがやってきて、私を家から追い出し、隅々まで家を探して私のものを調べていきました。コンピュータを開いて中にあるものも見ていました。兵士たちは写真を探していたのではないかと思います」

――この一一年間で自治政府の職員がここを訪ねてきたことはありますか？

「一度もありません」

――定年退職することについては、満足ですか？

「いいえ。この学校は、ほかの学校とは違います。誰か強い人が子どもたちを守らなくてはなりません。これからのことをとても心配しています」

ホロコースト（続き）

Sの弟T（二二歳、工科大学生）は、学校でホロコーストのことを教わったかどうか覚えていなかった。ジェノサイドが起きたことは知っているが、それは彼に何の関係もなく、自分に関わることではないと思っていた。私は彼に、エドワード・サイードとアズミ・ビシャーラ（イスラエルの著名なパレスチナ人元国会議員）は、それとは少し違う意見を持っていると説明した。彼らは、パレスチナ人――そしてすべてのアラブ人――は、ジェノサイドがユダヤ人国家の建設に決定的な役割を果たしたことを理解しなくてはならないと述べている、と。この議論は（私は権威に訴えてしまったが、ほかにどうすればよかっただろう？）明らかに彼を考え込ませたようだった。

今夜（六月一六日）、耳の良いSが、兵士たちの音を聞きつけた。屋上に上がった私たちは、ジープと回転灯、投光機、そして数百メートル先に静かな不安が広まっているのを見ることができた。兵士たちが誰を逮捕しに来たのかSはわからなかった。

アッ・トゥワニ

西岸を移動するとき、普通の道路地図を持っている人は大きく失望するだろう。普通の道路地図（四〇万分の一イスラエル＝シナイ地図）では、アッ・トゥワニ村はヘブロンの南東約一〇キロのところにある。「普通ならば」、イスラエル――ネゲブのベエル・シェバ――に向かう幹線道路を南下し、それから東に向かう道路に入ると、三〇分もかからずにアッ・トゥワニに着く。けれども、その道は最初から困難にぶつかる。幹線道路がヘブロンの出口で封鎖されているため、まず真西に向かってドゥーラの町まで行き、そこからまた東に戻ってヤッタの大集落にたどり着かなくてはならない。こうしてでこぼこ道をS字状に大きく迂回したため、途中でアル・ファッワールの難民キャンプを見ることができた。鉄板とコンクリートで作られたひどい状態のスラム街で、イスラム聖戦団の黒い旗がひるがえっていた。

南のイスラエル国境に向かうためには特別な許可証が必要だが、私たちはそれを持っていなかったので、ヤッタで車を降り、タクシーを拾わなくてはならなかった。進むにつれて道はがたがたになり、タクシーはイスラエル軍が作った障害物の残骸である大きな出っぱりを迂回したり乗り越えたりしなくてはならなかった。

でこぼこ道を車に揺られて三〇分ほど行くと、風景を真横に遮り、私たちとアッ・トゥワニの丘を隔てる軍用道路にぶつかった。パトロール中のジープに乗っていたイスラエル兵たちが私たちが近づくのを見ていた。兵士たちは、舗装された軍用道路を離れ、未舗装の道を私たちの方にやってきた。兵士たちは炎天下にもかかわらず長い時間をかけてタクシーを徹底的に調べ、私に同行した人々の証明書を調べた（同行者たちは、私がその場にいなかったら、兵士たちはたぶん喜んで一日を台無しにするか、さらにひどいことをしてきただろうと言った）。ようやく、タクシーはヤッタに向かって来た道を引き返し、私たちは、軍用道路が見えないように作られた高さ八〇センチのコンクリート壁に設けられた開き口を通って、歩いて軍用道路を渡った。丘の道に入る前に、驚くべき光景を目にした。短パンをはきシャツを着た入植者が一人路肩をジョギングしており、この入植者を守るために、後ろからイスラエル軍のジープがついて行っていたのである。

アッ・トゥワニは住民一五〇人のとても古い村だった（一〇〇〇年以上前からあると聞

いた)。この地方には珍しく、家々は美しかった。大きな石で作られた四角い家で屋根はわずかに中央が盛り上がっていた。トルコ風呂の屋根に見られるような、いわば少し平らになった円屋根だった。中には、丘の傾斜を使った半地下式の家もあった。

一軒の家に、クリスチャン・ピースメーカーズ・チーム(CPT)という北米のNGOから来た若い女性たちのグループが暮らしていた——アメリカ人三人とカナダ人一人で、村の窮状を説明してくれた。村には送電網が来ておらず、村の発電機は一日四時間だけ運転される。今年はほとんど雨が降っていないので、水場は乾き、タンクローリーで水を運ばな

短パンをはきシャツを着た入植者が……

くてはならない。一番近い病院はヤッタにあるが、イスラエル軍の侵入禁止道路が通行を遮断すると、ロバの背中に乗るかトラクターに乗って畑を横切らなくてはならなくなる。そこで村は無料診療所を一つ作り、毎週一回、CARE〔保健や教育などの活動を世界各地で行う国際NGOで、スイスのジュネーブに本部を置く〕の医師が診療に来る。けれども診療所の建物は許可なしに建てられたため（いずれにせよ許可を得ることは不可能なのだが）、イスラエル軍はくり返し診療所を破壊すると脅している。

こうした悲惨な状況も、すぐ近くにイスラエル人の入植地がなければ何とかなる。一キロと離れていない向かいの丘にはマオン入植地の赤い屋根が見

アッ・トゥワニ

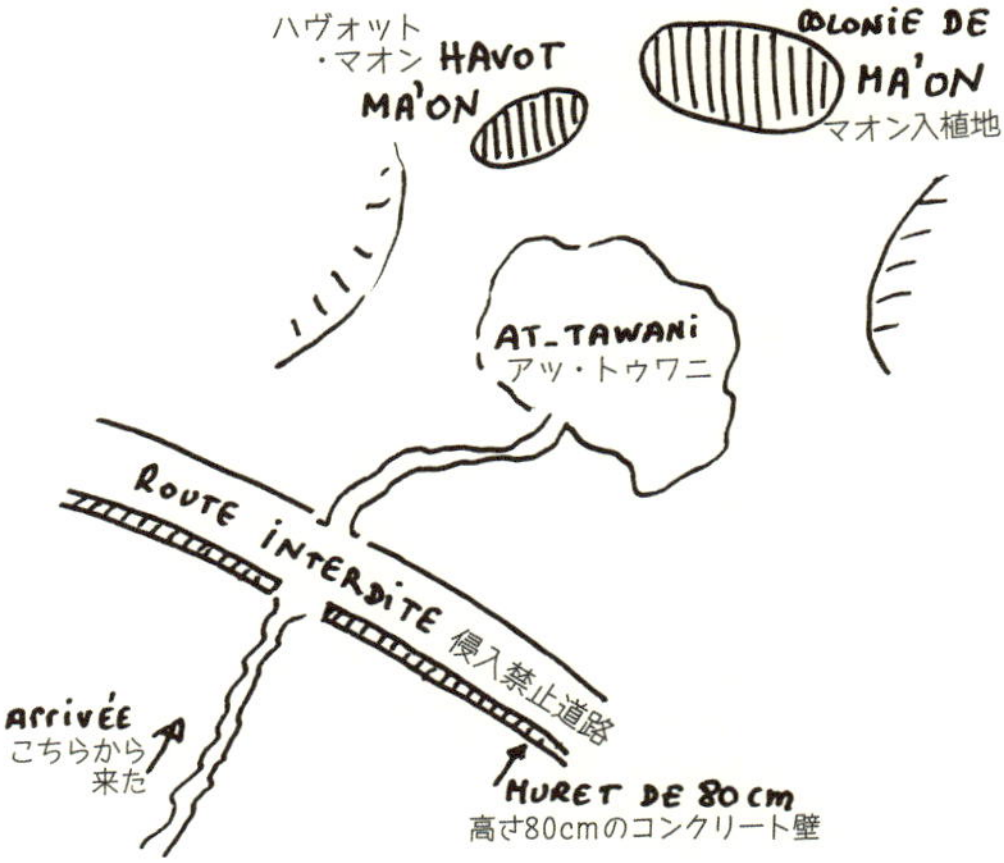

アッ・トゥワニ

える。さらに近くにある木立の中には、ハヴォット・マオンの飛び地がある。ヘブロンの旧市街から分かれてここに住み着いた入植者たちはとりわけ攻撃的で、通学途上の子どもたちや羊の世話をする羊飼いを襲撃し、家畜に毒を盛り、収穫物に火をつけたり、略奪したりし、動物の死骸を井戸に投げ入れ、家を襲ってトラクターを破壊する。CPTの女性たちも、子どもたちの登校に付き添ったり畑で羊飼いに付き添っているときに、何度か襲われている。

イスラエルの国会議員からなるグループ「子

どもの権利擁護委員会」は、トゥバの隣村の小学生が入植者たちに暴行されたことを知って動揺した。その結果、イスラエル兵士自身が子どもたちに同行するよう命令が出された。兵士たちはある程度まじめにその仕事をしているが——監視を続ける必要がある。さらに、入植者たちは繰り返し、子どもに付き添う兵士たちを攻撃している。

最近、村ではデモが三回行なわれた。デモの中心人物Hが流暢な英語で説明してくれた。「入植地と進入禁止道路とのあいだで私たちは身動きが取れなくなっています。畑の大部分は進入禁止路の向こう側にあり、トラクターや荷馬車、羊が横断できないように、道路にはそれなりの高さのコンクリート壁が作られています。この壁は四〇キロにわたって続いており、皆さんがここに来るときに通ったような出入口は全体で四、五カ所しかありません。農夫たちのほとんどは、自分の畑に行くために、大きく遠回りをしなくてはなりません。

この非暴力デモは、この村と近隣の村の人々が中心になって行なったもので、最初のデモをやったのは四月です。昔から知り合いだったタアユーシュの人々にも参加を呼びかけました。というのも、デモの目的は、とうていこのまま生きてはいけない私たちの状況に周囲の注目を集め、イスラエルとパレスチナのメディアがやってくるようにし向けることだったからです。四月のデモはイスラエル軍の手ひどい弾圧にあいました。私は逮捕され、キリヤット・アルバで二週間投獄されていました。けれども私たちは五月とそして先週、またデモを行ない、ますます多くの注目が集まったので、イスラエル軍も最初のときほど厚かましく残忍なふるまいはしませんでした。

入植者とイスラエル軍による二重の占領下に置かれたこの地方に人々の注目を集めることが重要だと考えています。入植者たちは私たちの土地を略奪し、兵士たちはその入植者を護衛しています。ここでの生活は地獄です。カタストロフィー・ゾーン、被災地域です」

アッ・サラミーヤ

私が帰国する前に、Sはヘブロンのはずれにあるこの地区をどうしても私に見せたがった。「町の住人さえ決して行かない」地域だった。その地区はヘブロンの東のはずれにあり、キリヤット・アルバの入植地と直接隣接している。そこにたどり着くためには、町の中心部が立ち入りできないため、車で大きく迂回しなくてはならなかった。ようやくたどり着くと、道路は封鎖されており、そこからは歩かなくてはならなかった。右手の、監視カメラと投光機の取り付けられた高い電気柵の向こう側には、入植地の白い家々が見えた。正面は封鎖され、パレスチナ人は歩いての立入も禁じられていた。左手にパレスチナ人の使う狭い未舗装の道があった。道は、かつてオリーブ畑だったが今は荒れ果て、瓦礫や黒こげになった木の幹の中を続いていた。

入植地の向こう側では、老若男女数百人のユダヤ教徒が明るい青と白〔イスラエル国家のシンボルカラー〕の大きな輪を描いて草むらに座っていた。彼らが歌を歌い祈りを捧げているあいだ〔その日は

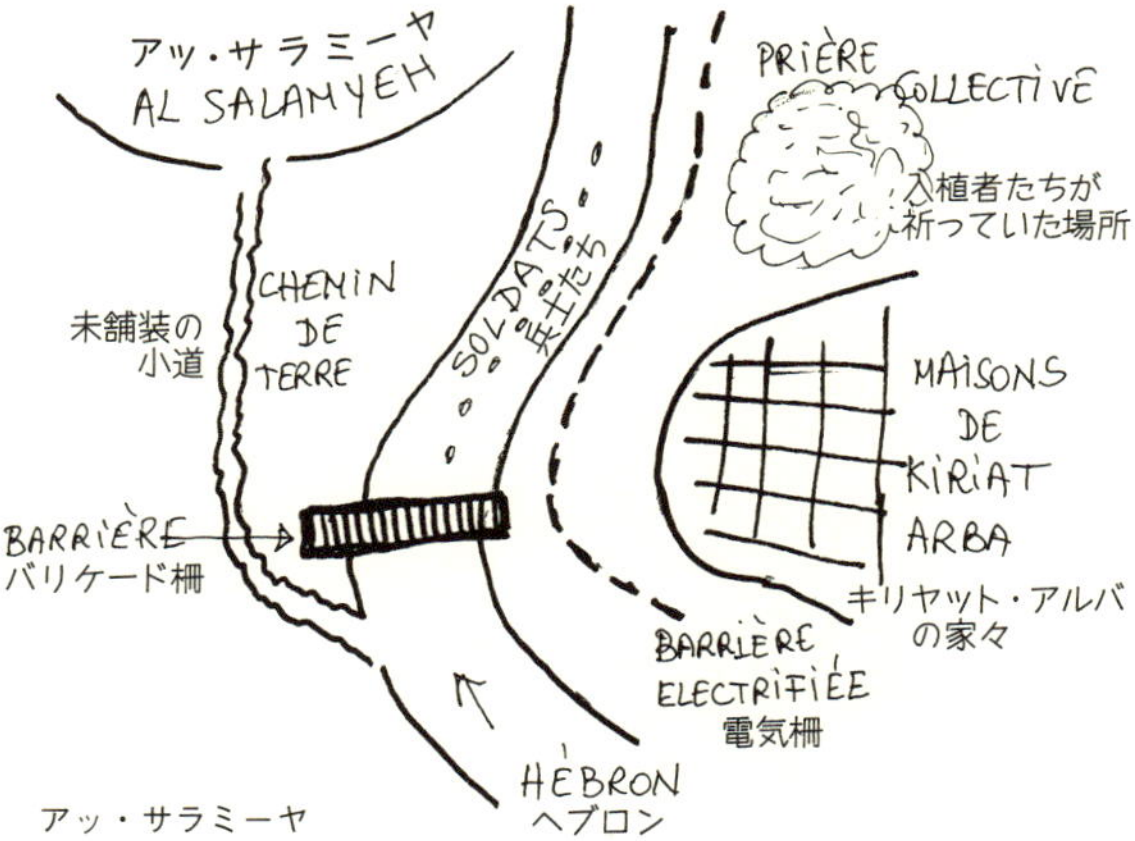

アッ・サラミーヤ

金曜の夕方だった）、立入禁止となった道路に二〇メートルおきに立っていた兵士たちと、攻撃銃を持って輪を取り囲んだ民兵たちが、彼らを護衛していた。さらに進んでいくと——未舗装の道はなくなり、私たちは高く茂った草むらの中を歩いていた——黒い服を身にまとって小刻みに歩いている二人のパレスチナ人女性に向かって若い男たちが石を投げているのが百メートルほど先の丘の上に見えた。兵士たちが私たちを取り調べるために道路を離れて畑にやってきた。このような場所では、私たちのようなグループは明らかに疑わしい。私は、彼らがここでやっていることに敬意を持っていると説明した。理解していないようだったが、私たちはアッ・サラミーヤに向かうことができた。

二〇〇〇人以上の人が暮らしているその地区のほとんどは破壊され、地区に出入りする道だけでなく地区内の道もすべて遮断されていた（パレスチナではコンクリート・ブロック製造業が繁盛しているに違いない）。地区の中を移動するときもほかの場所に行くときも、歩いて行くかロバを使うかしかなかった。戸口が通行禁止道路に面した家の人々は、家の裏にはしごをかけて、そこから自分の家に出入りしなくてはならなかった。店は閉まっており、路上に人影はなく、人々は家に閉じこもっていた――インティファーダが始まってから三年にわたりこの地区には外出禁止令が出され、ほんのちょっとした出来事でもすぐ外出禁止令が出された。最近では二カ月前に外出禁止令が出されていた――ため、人々は家の中ですることを見つけていた。

西のヘブロン中心街に向かって歩いてゆくと、道はやはり封鎖されていたが、様子が違っていた。コンクリート・ブロックが徐々に古い石に変わっていた。パリのマレ地区〔セーヌ右岸で由緒ある建物が多いことで知られる〕のように修復された道もあった。どうやら外国の文化関係組織がやっていることのようだが、それはこの神に見捨てられた場所にいっそうの奇妙さを加えていた。さらに行くと鋼鉄の扉で封鎖されているオスマン時代の門にたどり着く。向こう側はヘブロンの中心、イブラヒーム・モスク（族長たちの墓）で、わずか二〇メートルしか離れていないが、そこに行くことは決してできない。

日暮れに畑を横切って帰ったときは、来るときに使った道がその時間は危険だったため、別の道を通った。石と草の中を進むのに困難はなかった。キリヤット・アルバ入植地の投光機が、あたり一帯を照らしていたのである。

テル・ルメイダ（三）

入植者たちにとって土曜の夜はテル・ルメイダに問題をまき散らすのに好都合なとき

らしかった。石を投げ、子どもたちを怖がらせ、外国人を襲う。今日（六月一七日）の夕方は静かだった。丘の半ばにある大きな交差点では、困ったように防弾チョッキと銃と長いアンテナの無線通信機を身にまとい、ヘルメットをかぶった三人のイスラエル兵が哨舎の外にたむろしていた。サンフランシスコでティーサロンを経営している背の高いＩＳＭのアメリカ人が、街角にいた二〇人ほどの子どもたちを喜ばせるために、車道の真ん中でプラスチックの棍棒を使ってプロはだしの曲芸を披露していた。老人たちがロバの背にのって丘の頂上にのぼっていった。入植者たちが小グループを組んで丘を下っていた――パーティーのために着飾った若い男女で、街中《まちなか》の入植地にディナーに行くに違いない。彼らは交差点に来ると歩みを早め、まわりを見ず、路上には誰もいないかのように、子どもたちと外国人のあいだを突っ切って行った。三〇歳くらいの男性が一人――白いシャツを着てキッパ〔ユダヤ教のお椀型帽子〕をかぶっていた――、Ｍ一六ライフルを斜めにかけて行ったり来たりしていた。子どもたちは、裂けたテニスボールを使ってサッカーに興じ始めていた。私を見て、ジダン、ジダンとはやし立てた。彼らもまた、二メートル先に立っている兵士たちなどいないかのようにふるまっていた。夜になって、入植者たちは見あたらなかったので、監視をやめることができた。Fの家の中庭で、巨軀のケティとティーサロンのジョナスがろうそくの光を使ってダンスの出し物を披露した。周りから子どもたちが駆け寄ってきて、ひとかたまりに塀の上に乗り、彼女たちの名前を叫んで喝采を送った。

「沈黙を破る」

あるセクト、あるいは外人部隊に参加し、そこに居続ける理由を理解することは難しくはない。それよりも大きな謎は、ヘブロン旧市街やキリヤット・アルバの過激派入植者のグループ構成である。どうやって集まり、どのようにしてこれほどまでに暴力的な憎悪を一様に作り出すことができ、それを維持することができるのだろう？　帰りの道すがら、エルサレムで私はこの疑問をイェフダー（ユダ）・シャウールにぶつけてみた。彼は二〇〇一年から二〇〇四年までイスラエル軍の兵役を務めた二四歳の若者だった。彼は、兵役期間中最後の一四カ月をヘブロンの戦闘部隊で過ごした。そのときには遠距離に榴弾を続けて発射することができる自動投擲機の射撃手を務めた。

「私はアメリカの右派ユダヤ人正統派の家に生まれ、教育はイェシバーで受けました。兵役期間中は命令に従い、住居に向かって榴弾を発射し、それに喜びさえ感じていました。それに問題を感じることはなく、伍長にまでなったのです。啓示のようなものを感じたのは除隊したときです。こんなふうに生活を続けることはできない、自分が見たことを伝えなくてはならない。そうして話し始めたのです。同じ気持ちを共有する同僚と話しをしました。二〇〇四年六月には、写真展、私たちが撮った写真の展覧会『ヘブロンをテルアビブに持ち込む』を開催しました。新聞の一面に掲載され、テレビでも放映され、たくさんの人々が展覧会に来ました。軍事警察もやってきて、写真のいくつかを没収しました。それから私たちは『沈黙を破る』という組織を創りました。[*] 兵士たちに発言の機会を提供する組織です。証言集をブックレットやビデオ、CD、ウェブサイト（www.breakingthesilence.org.il）で発表しています。イスラエルと欧州諸国で会議を開催し、毎週、ヘブロンのガイド・ツアーを行なっています。私は、すべてをこの活動に費やしています」

――これらの入植者はどこの出身で、どうしてこれほどまでの憎悪をもって生きることができるのでしょうか？

「ヘブロンの入植者の多くはアメリカ出身のユダヤ教正統派で、アメリカでと同様、極右です。パレスチナ人――そして一般にアラブ人――は自分たちの宿敵だと確信しています。そこには、憎悪だけでなく、恐怖もあります。彼らは一九二九年にヘブロンで起きたユダヤ人大虐殺を何度も反芻し、また近いうちに同じ事件がくり返されると確信し

＊　土井敏邦『沈黙を破る――元イスラエル軍将兵たちの証言』（岩波書店、二〇〇八年）を参照。

ているのです」

——でも、子どもたちは？

「入植者たちは、子どもにパレスチナ人を憎むよう教え込みます。子どもたちはイェシバーで、パレスチナ人に苦痛を与えるのは正しいことだと教わるのです」

——イスラエル軍がまったく介入しないのはどうしてですか？

「とりわけヘブロンに赴任した直後の兵士が、状況に憤慨して個人的に介入することがあります。けれども、軍では兵士は命令に従い、自分の意志で行動はしません。兵士たちは入植者を守るよう命令されるだけで、パレスチナ人を守るよう命令されることはありません。パレスチナ人を守るのは、基本的には警察の役割です。けれども、ヘブロンの兵士たちが何もしないのは、入植者たちを怖がっているからです。卵や石を投げつけられたり、顔を殴られたりするのが怖いのです」

イェフダーによると、何千人何万人というイスラエルの若者たちが、除隊したあと一年間イスラエルを離れるという。多くが南アジア、とりわけインドに向かう。骨の髄まで麻薬に犯されたり完全に常軌を逸して戻ってくるこれら若者のために、イスラエル政府は特別な施設を作らなくてはならなかった。

西岸で過ごした一カ月は、毎日が驚きの連続だったが、何よりも驚いたのは、歴史的なパレスチナの領土に単一国家を作ることは今やほぼ自明のことと見なされている点だった。私が話をした様々な階層の人々の多くは、パレスチナ国家をあきらめていた。あるいはこのようにも言えるだろう。つまり、交渉計画、和平プロセス、配置変更スケジュール、第Ⅰ段階、第Ⅱ段階、第Ⅲ段階といった世迷い言をもうこれ以上聞きたがってはいなかった、と。時が来てパレスチナ人に提案される国家というものが、嘘と策略にたけた占領軍により設計されたものになることを、人々はわかりすぎるほどわかっている。

その一方で、イスラエル人と同じ国に暮らすという見通しは、彼ら彼女らにとって少しも奇妙なものではなかった。「これまでずっとそうだったように、ユダヤ人と仲良くやっていくことができます」「ユダヤ人であるというだけでユダヤ人に反対することはまったくありません」。私はこうした言葉をしばしば耳にしてきたし、個人的に占領に苦しめられている人々からも聞いていた。若い人々や政治的な面での意識があまりない人々も、入植者と兵士とイスラエルの人々一般を区別していた——感心せずにはいられない。ある夕方、私は、電気料金収集に従事するFとともに、テル・ルメイダの高いところから入植地とそこに続く道路の灯りを眺めていた。そのとき彼は一度、「ユダヤの奴ら」と口にしたが、すぐに言い直して「こんなふうに言うべきでないことはわかっている、イスラエル人と言うべきなんだけれど、あそこ（入植地）を見ると……」

私の話し相手は標本として偏っているとか、民族の心理について断言する行為はつねにいかがわしいとか、私は自分が聞きたいことしか聞かなかったとか、いずれにせよ単一国家は実現不可能な夢物語のユートピア——今日この言葉に付与されたすべての否定的ニュアンスを込めて——に過ぎないとか、反論はあるかもしれない。確かにそうかもしれない。それでも、二〇〇六年の夏にレバノンとガザで起きたこと〔イスラエル軍は二〇〇六年七月から八月、ガザとレバノンを攻撃した〕がかくも貴重な機会を危険にさらすことのないようにと期待せずにはいられない。パレスチナを支配しているのは憎悪ではなく、むしろ巨大な驚き、ほとんどナイーブとも言えるような驚きである――「こんな扱いを受けるなんて、いったい私たちが何をしたというのだろうか、かくも長いあいだにわたってこれほどまでの不正義を被り続けなくてはならないのはどうしてなのか、世界中が私たちへの支援を拒否しているのはどうしてなのだろうか?」

解説

ビー・カミムーラ

エリック・アザンは本書で、囲い込まれ、ずたずたにされている西岸を歩き、そこに生きる人々の言葉を記した。ともすると、「ユダヤ人とパレスチナ人の争い」や「宗教による紛争」と片付けられがちなパレスチナの地における闘いが何に根ざしているかを、アザンのノートは簡潔に描き出している。

「最大の土地に、最少のパレスチナ人を」

今からちょうど六〇年前の一九四八年五月、英国によるパレスチナ委任統治終了の直後にイスラエルは建国を宣言した。しかし、それ以前の二月からユダヤ軍（後のイスラエル軍）によるパレスチナ人追放は始まっていた。「ユダヤ人のための国家」を作ろうとしていたシオニストにとって、「民なき土地」ではなかったパレスチナに生きてきた人々をどうするかということは最も大きな問題であり、国家の根幹に関わるものだったからだ。シオニストの地下武装組織がパレスチナの村々を襲い、四月九日にはエルサレム郊外のデイル・ヤーシン村で老人、女性、子どもたちまで含めて一〇〇人以上を虐殺した。このように国連分割決議で国際管理地区、アラブ国家地区とされた場所を攻撃、占領するという計画が実行され、組織的に占領、虐殺、追放、レイプ、村の破壊が次々と行なわれた。これにより行き場を失った人々は難民となった。イスラエルが建国宣言をするときまでに、すでに三五万人——パレスチナ人の半数近くが難民になっていた。この事実は後にイスラエルの「正史」を覆した「新しい歴史家（ニュー・ヒストリアン）」たちがイスラエルの機密文書などから実証している。イスラエルの建国「神話」はその事実を無視しているが、研究者の間では事実として定着している。「ニュー・ヒストリアン」のひとり、イラン・パペは、「戦争になって追放が起こった」のではなく、「戦争が追放の手段だった」と語っている（詳しくは『イラン・パペ、パレスチナを語る』に）。

第一次中東戦争の結果、建国したばかりのイスラエルは、パレスチナ全土の七七％を制圧した。そこには国連決議によるとアラブ国家に入るはずだったリッダ（二五〇人が虐殺されている）やガリラヤ地方、国際管理地区になる予定だった西エルサレムが含まれている。

結果的に破壊された村は約五〇〇近く、一一の街で追放が起こり、七五万人以上が難民となり、イスラエルとなった土地に残ることのできたパレスチナ人はたった一五万人だった。ユダヤ人口が圧倒的多数になるために「土地はいるが、人はいらない」というのがシオニストたちが実践したことだ。六〇年前に起きたこの追放・祖国喪失をパレスチナ人たちは「ナクバ」（大災厄）と呼んでいるが、イラン・パペはそれよりも「民族浄化（ethnic cleansing）」と呼ぶほうがふさわしいと主張している。

パレスチナ難民については、四八年一二月の国連総会で、難民の迅速な帰還を求める決議一九四号が採択された。しかし、今に至るまで、イスラエルはパレスチナ難民の帰還権を拒否し、ユダヤ人にのみイスラエルに住む権利を認め、国家事業として世界中からユダヤ人をイスラエルに移住させている。長いことパレスチナ人たちが闘ってきた「パレスチナ解放」の基底には、元の土地に難民が戻ること、また「ユダヤ人だけのための国家を作る」というシオニズムに対し、多元的で開かれたパレスチナを求めることがあった。失った家の鍵を今でも持っている難民が多数いるように、「鍵」は現在もパレスチナ人の闘いの象徴ともなっている。問題の大きな原点が四八年にあることは、時間が経っても変わっていない。

緩やかな追放

追放は四八年で終わったわけではなかった。まず、建国後、イスラエル領内に残ったパレスチナ人（「イスラエル・アラブ」と呼ばれている）に対して、土地の没収、村の破壊が行なわれた。六〇年ごろまでに一〇万ヘクタールの土地が取り上げられ、約二万人のイスラエル国籍を持ったパレスチナ人が国内避難民となった。取り上げられた土地は軍用地とされてから民間用に転用されるケースが多く、ユダヤ人のみに譲渡やリース、転売することが許されている。現在もイスラエル国内でこの動きは続いていて、パレスチナ人の所有する土地を狭め、パレスチナ人口の増加を抑えようとしている。それがもっとも激しいのは、パレスチナ人が多く住むガリラヤ地方やネゲヴ砂漠で、頻繁に家屋破壊が行なわれ、イスラエル国内のパレスチナ系市民にとって深刻な問題となっている。

さらに六七年の第三次中東戦争の結果、イスラエルがヨルダン川西岸・ガザ地区を占領すると、占領地でも地勢上の新たな現実が作られていった。その二大柱が国際法上認められていない東エルサレムの一方的な併合と、入植地建設だ。

軍令などによって一帯を「軍事閉鎖地域」とし、居住しているパレスチナ人を追い出し、その後、用地を民間用に転用し、ユダヤ人組織にリースする。その土地が入植地になり、パレスチナ人居住地域の間にユダヤ人だけのための街が広がり始めた。入植地には移民などが送り込まれ、入植者人口は、七七年三万八〇〇〇人（推定）、八二年約七万五〇〇〇人、八六年一六万人超と加速していった。

東エルサレムとその周辺、およびヨルダン渓谷沿いから建設が始まった入植地は、カルキリヤ周辺、ナブルス周辺とどんどん西岸全体に及んでいったが、それは適当に配置されているのではなく、主要都市を包囲し、パレスチナ人居住地を寸断するように作られている。たとえば、エルサレムに隣接するベッドタウンのような形で存在する巨大なマアレ・アドミム入植地群は、西岸を南北二つに切断している。この戦略的な位置取りは地図を見ると明らかだ。入植地は土地を奪い取るだけではなく、パレスチナの人々を小さな破片のような土地にバラバラにして閉じ込める機能を持ち、パレスチナ人の生活を締め上げている。パレスチナ人の生活を困難にし、人々が土地を去っていくよう追い込む装置として入植地は存在している。

もちろん、入植地はイスラエルも批准しているジュネーブ第四条約などの国際法に反しているが、イスラエルは今に至るまで、入植地活動を停止していない。それどころか、入植者には減税や水光熱費の援助、低利のローンなどの優遇措置がとられている。

コストの低い住宅として入植地に移り住む人々がいる一方で、宗教的な「使命」を持って先兵のように入植する超右派のユダヤ人がいる。これらの人々が住む周辺ではたえずパレスチナ人への迫害が行なわれている。その典型がヘブロン市内や、アッ・トゥワニのような場所だ。エリック・アザンが記したように、小学生でも入植者の暴力にさらされ、日常的に恐怖におののかなくてはならない。アッ・トゥワニからはハヴォット・マオンの入植者が羊飼いたちに発砲したというような知らせが、今もぞくぞくと入ってくる。今のところ、この暴力を押しとどめる方法はなく、ただ毎日堪え忍ぶか、その場所を出ていくしか道はない。「自発」的に出ていくことを押し進める暴力がもっとも露骨な形で現れているのが、このような場所だ。

一般的な植民地主義とイスラエルの占領政策がかなり異なるのは、後者が低賃金の労働者としての先住民すらも要らないとしているところだろう。「できる限り、パレスチナ人は少なくなってほしい」——ユダヤ人口の優位性を保つために。と、同時に「水資源を含んだ土地は最大限とりたい」——という二極によって、イスラエルの政策は決定されてきたと言っていい。この状態を今も続く「民族浄化」と表現することもできるし、反シオニズムの立場をとるユダヤ人のなかからは、「ポリティサイド」や「エスノサイド」（どちらも「ジェノサイド」からの造語）とも表現されている。西岸やガザのパレスチナ人にとっては、居座りつづけることが、ひとつの大きな抵抗ともなっている。

「分離」という思想

パレスチナの土地を併合し続けていくと、抱えこむパレスチナ人口も多くなる。このジレンマにある種の決着をつけようとしたのが、アリエル・シャロンだった。

二〇〇二年、シャロン政権はさらなる収奪の計画として、西岸のなかに全長七〇〇キロにも及ぶ壁を建てることを決定した。イスラエル政府はこれを「セキュリティーのため」と説明しているが、長大なこの壁の建設ルートはグリーンライン（四九年の休戦ライン）を越えて、西岸内部に深く食い込み、西岸を蛇行している。

この壁のアイディアはもともと労働党の中にあったと言われている。ガザは九四年からイスラエルによって、陸地をすべてを壁で囲まれた。それにならい、西岸でも壁を建て、「テロリスト」の侵入を防ごうとした。ただし、労働党穏健派が考えていたのは、グリーンライン上に壁を作り、国際法上不法な入植地を撤去し、イスラエルとパレスチナを完全に分離しようというものだった。

労働党穏健派やシオニスト「左派」の考えは「彼らのものは、彼らのものに」という言葉で表される。グリーンラインを挟んで、ユダヤ人国家のイスラエルの隣に、完全に分離されたパレスチナ人の国家を作ればよいというものだ。（しかし、この言葉には、トリックがある。「彼らのもの」とはいつの時点の状態を指すのかということだ。四八年にパレスチナ人が失った土地や家は不問にされ、パレスチナ人の帰還権も認めていないのが、この「彼らのもの」という表現にこめられている）。

右派の拡張主義者たちは当然この壁に猛反発し、拡張主義者とみなされていたシャロンは変節したと批判されたが、じつはシャロンは冷徹にひとつの現実を踏まえただけだった。「このままではパレスチナ人口のほうが上回るときがじきにやってくる！」。実際に西岸とガザの人口は、数年でイスラエルの人口を上回るという統計学上の推論が出されていた。イスラエルは「アラブ系市民」を二〇％抱えているので、その分を足すと、パレスチナ人のほうがすでに上回っているというレポートも出された。

パレスチナ人を抱えこんだまま、併合することは、ユダヤ人国家イスラエルの破綻となる。シャロンはそのことを見据え、ずっと続けられてきた政策「最大の領土に、最少のパレスチナ人」とい

◆ヨルダン川西岸 入植地分布と隔離壁ルート図

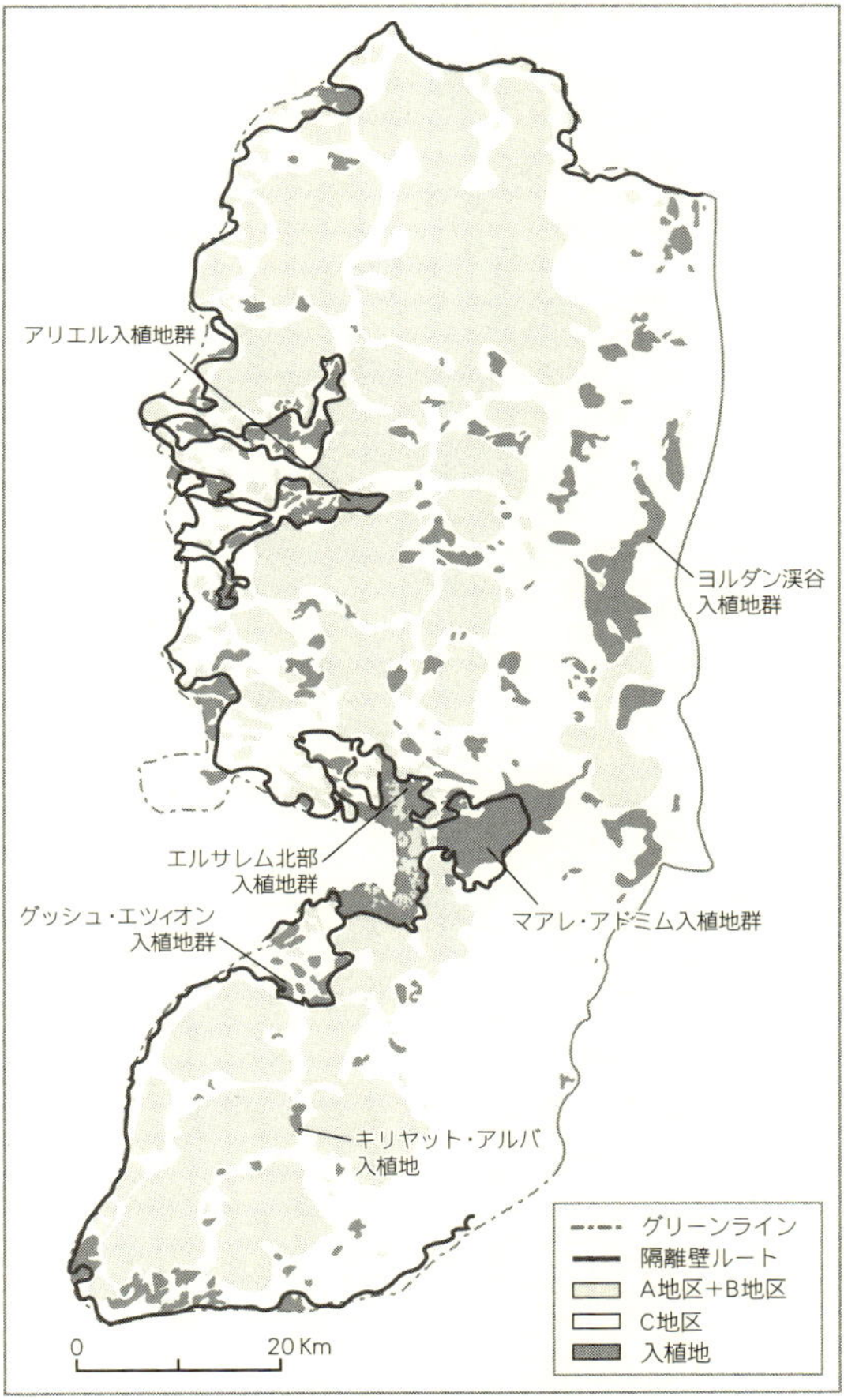

*入植地にイスラエル軍基地・入植者耕作地を含む

A地区：行政権、警察権ともにパレスチナ（ヨルダン川西岸の17.2%）
B地区：行政権がパレスチナ、警察権がイスラエル（同23.8%）
C地区：行政権、警察権ともにイスラエル（同59%）
（オスロ合意に基づく区分け。割合は2000年のデータによる）

うことを壁で効率的に実現できると踏んだだけだった。壁を西岸のなかに建てる――これがシャロンの出した解決策だった。

シャロン政権が考えた壁は巨大入植地をイスラエル側へ取り囲む形で、西岸を侵食している。東エルサレムもほとんどがその周囲の入植地群とともに、西岸から切り離され、イスラエル側へ取り込まれる。西岸の一六％のパレスチナ人は壁とイスラエルの間に孤立させられて取り残され、生活が成り立たなくなり、移動を余儀なくされる。緩やかに進む追放の新しいパターンがこうしてできあがった。

また、カルキリヤ周辺に顕著なように、肥沃で水資源が豊かな場所も戦略的に壁の向こう側に取り込まれた。豊かな農地が奪われ、ここでも生活の糧が失われた。さらに壁が入り組んでいるところでは、パレスチナの都市と村々は壁によって隔てられ、人の行きかいも物流も阻まれてしまう。壁は生活そのものを破壊する。アザンはこう書いている。「二次元あるいは場所によって三次元からなるこのネットワークは、入植者を守る手段ではない。目的は別のところにある。パレスチナ人を壁で包囲して飛び地に閉じこめ、パレスチナ人の生活を不可能にする――すでにそうなっているが――こと。カルキリヤ一帯を歩くと、孤立させ、閉じこめ、追放するという三段階の併合がどん

◆ヨルダン川西岸を分断するイスラエル人用道路

＊入植地にイスラエル軍基地・入植者耕作地を含む

道路はSettlers' Plan for palestinian Autonomy FMEP Map, by Jan de Jongに基づく

どん進められていることがはっきりわかる。」

この壁に対して、国連安保理は二〇〇三年に非難決議を採択しようとしたが、米国の拒否権に遭い、頓挫した。しかし、直後の国連総会では圧倒的多数で壁の建設中止を求める決議が採択され、二〇〇四年七月にはハーグの国際司法裁判所（ＩＣＪ）が、壁を違法なものとし、壁の除去、接収された土地の返還、破壊した財産の損害賠償を行なうべきだと、イスラエルに勧告を出した。

イスラエルはこの勧告を無視し、現在（二〇〇八年五月）も壁建設を着々と続けている。

土地を奪われ、壁で囲い込まれるパレスチナの村では、壁建設に抵抗する非暴力の行動が続いている。毎回、イスラエル軍に蹴散らされ、逮捕者や負傷者を出しながらも、三年以上闘っている村もある。本書にも「私たちは外国人と一緒に、素手でブルドーザーと闘っています。イスラエル側は私たちに催涙弾を浴びせ、威嚇射撃をします。闘いはうまく行きません。壁を見るとわかるでしょう。けれども、沈黙を破るためには有効です」という言葉があるが、沈黙したまま、土地が奪われていくのを見ているわけにはいかないパレスチナ人たちの姿がここにある。

一五〇もの入植地、それらをつなぐイスラエル人用バイパス道路、検問所、軍事封鎖地域……と、西岸に張りめぐらされてきたイスラエルによる「マトリックス・コントロール」の総仕上げがこの壁である。すでに分断されている西岸は、壁によって完全に小さな断片のような土地の集合に変えられ、それぞれがゲットーのように囲い込まれている。パレスチナ人が壁を「アパルトヘイト・ウォール」と呼ぶのはそういうわけだ。アパルトヘイト時代の南アフリカで作られたバンツースタン（黒人だけをいくつかの小さな不毛の居住地に移住させ、「国家」として分離しようとした）とほとんど同じようなものだからだ。

イスラエルで反シオニストとして活動しているミシェル・ワルシャウスキーは、本書の英語版あとがきでこう記した。

「アパルトヘイト」という言葉は分離を意味する。アパルトヘイト体制とは、ある政治体制が、先住民に対して一方的に分離を押しつけるものである。このように考えると、シオニズムは全体として、アパルトヘイトの考えと実践である。実際、シオニストのイデオロギーは、正常な社会は均一なもので、理想的な社会は単一民族国家であるとの仮説に基づいている。そのもとでは、人種差別主義をさえ、つまり人種的、民族的、宗教的な多数派が、その中に暮らしている少数派を排除することをも自然な現象であると見なすことになる。したがって、ユダヤ人は現在暮らしている国民国家共同体から離脱し、人種的にユダヤ人からのみなる自らの国に住むべきだということになる。シオニズムが世界中のユダヤ人に呼びかける「民族の自己浄化」と、一九四八年の民族浄化戦争、イスラエルに暮らすパレスチナ人少数派に対する分離政策――一九六五年までは極端なかたちをとり、それ以降はもっと微妙なものになった――はいずれも、同じ思想の反映である。この思想のもとでは、分離はある種の状況で有用な政治的技術にとどまるものではなく、それ自体が価値なのである。

「入植運動の父」とまで呼ばれ、とくにガザ入植を押し進めてきたアリエル・シャロンは、二〇〇五年にガザから、入植地の引き上げを行なった。七〇〇〇人の入植者を守り、置いておくコストより、一五〇〇万人のガザの人々を分離するほうが得策だと考えたからである。表向きには和平を促進するようなポーズをとるこの「撤退」と引き換えに、ブッシュは米国のこれまでのイスラエル・パレスチナ政策を大きく変えることになる了解をシャロンに与えた。その内容は、

一　ほとんどすべてに近い西岸地区入植地の永久存続
二　イスラエル建国にともなうパレスチナ難民の帰還権の放棄

三　西岸に建てている隔離壁の建設
四　暗殺攻撃を含めた、パレスチナ抵抗勢力への攻撃
を認めるというもので、米国として初めて入植地の存続を許したものだった。これは、英国がパレスチナの地におけるユダヤ民族の国家樹立を約束したバルフォア宣言（一九一七）をなぞり、「二一世紀のバルフォア宣言」と呼ばれている。この内容は「分離」のためにイスラエルが求めていたものだと考えたほうがよいだろう。アラブ諸国の反発は大きく、親米派のエジプト・ムバラク大統領さえも、「この絶望感と不公平感は中東のみならず、米国とイスラエルの世界中の利権を脅かすだろう」と憤りを公言した。
シャロンはブッシュの支持を得て、西岸も分離しようと考えていたのだろうが、病に倒れ、この路線は次期首相となったオルメルトに引き継がれた。

「穴だらけのチーズ」
入植地の増大、道路封鎖の強化、幾度にもわたる大侵攻、続発する暗殺攻撃、さらに隔離壁の建設とパレスチナ人を取り巻く状況は悪化の一途を辿り、何にも歯止めがかけられなかったが、それ

にも関わらず、イスラエルを支援する米国を仲介として「和平」交渉が行なわれるという奇妙な事態が続いている。その原型を作ったのが、九三年のオスロ合意だった。

ホワイトハウス前の芝生でイスラエルのラビン首相とPLOのアラファト議長が握手をした映像は、あたかもイスラエルとパレスチナの間に和平が来るように世界中のメディアで流された。しかし、満面の笑みを浮かべたアラファトと対照的に、表向きは苦汁の表情を覗かせていたはずのラビンは、後にオスロ合意をこう語った――「一片のチーズのように、穴だらけでほとんど中身のないもの」。アラファトもラビンもそれぞれ、合意の内実とは反対にポーズをとってみせる必要があったのだ。

アラファトとその側近だけ（アッバスも含まれる）が関わる形で秘密裡に行なわれた交渉が行き着いた合意は、西岸とガザの一部の地域だけで、パレスチナ暫定自治政府が行政と治安の権限を持つ、というもので、占領されていた土地は単なる係争地という扱いでしかなかった。また、PLOがイスラエルを承認し、これまでの闘争を終結させるというのに対して、イスラエルは入植地建設凍結のひとつすら義務を負わなかった。つまり、イスラエルにとっては占領のコストをほとんど削減できるうえに、何ひとつ失うものはない内容だった。PLOはイスラエルに交渉相手として認め

◆ヨルダン川西岸の現状

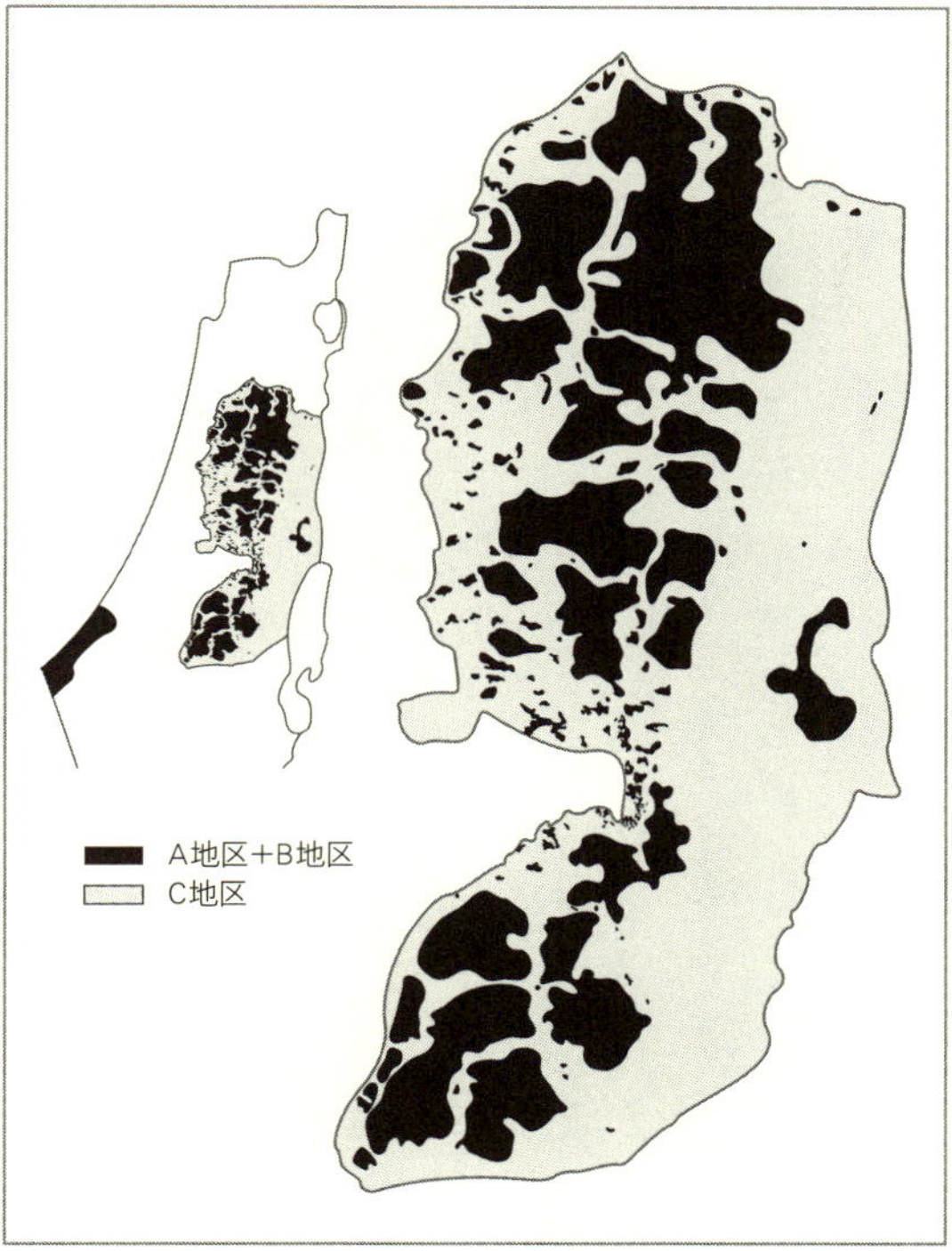

A地区：行政権、警察権ともにパレスチナ（ヨルダン川西岸の17.2％）
B地区：行政権がパレスチナ、警察権がイスラエル（同23.8％）
C地区：行政権、警察権ともにイスラエル（同59％）
（オスロ合意に基づく区分け。割合は2000年のデータによる）

られ、わずかな土地の上での教育・文化、保健・衛生、社会福祉、課税に関わる行政権を得ただけだった。国連決議一九四号で保障された難民の帰還権をはじめ、エルサレムや入植地、境界線などの重要事項はすべて最終交渉に先送りされた。たとえ、自治を認められた地区であっても、イスラエルが押しつけていた法律や軍令は引き続き有効で、自治政府は単独で無効にすることができないという条件もついていた。エドワード・サイードはオスロ合意を「パレスチナ人にとっては基本的に降伏文書」であると言い、「PLOが占領軍への協力者へと転身した」ものだと批判した。同様な批判はパレスチナ人から広く出され、PLO内のPFLP（パレスチナ解放人民戦線）は最初の評議会選挙をボイコットしている。

このオスロ合意が自治政府とその周辺に権力と金を引きよせた以外に何ももたらさなかったことを、パレスチナ人は身を持って体験してきた。そこで、アザンが西岸を訪れた前に行なわれた評議会選挙で人々は、PLOの中核をなしアッバス大統領を擁するファタハではなく、ハマス（イスラム抵抗運動）を選びとった。

ファタハ内部での腐敗もさることながら、ファタハが後退以外の何ももたらさないこと——どんどん奪われていく自分たちの土地、さらに悪化する経済、何も打開しない交渉——に多くの人々は見切りをつけ、ハマスに賭けた。本書にも登場する元ナブルス市長のシャカアが「初めて、ノーと言うパレスチナ人が現れた！」という言葉を引用しているように、この選挙は大きな転換点でもあった。

ハマスの政治指導部はこのとき、一九六七年以前の状態までイスラエルが戻すこと、つまり入植地の全面撤去、引き上げ、占領の完全終結を、イスラエルとの交渉の前提として公表している。民主的な選挙によって、パレスチナ人が選んだのはこちらのほうだった。アザンは「かくも貴重な機会」とこの時期について語っている。

しかし、選挙の結果がそのまま政治プロセスになって、現れることはなかった。国際監視団から見ても文句のつけどころがない民主的で公平な形でやり遂げられたこの選挙がハマス勝利となると、選挙を後押ししてきたはずの米国とイスラエル、ＥＵ、そして日本などを含む大方の国際社会は、すぐさま拒否反応を示した。ハマス政権は認められないといい、制裁措置が取られ始めた。イスラエル政府は代理徴収していたパレスチナの関税を引きわたすことを拒否し、自治政府の資産を凍結。財源を失った自治政府は、公務員の給与を支払えなくなった。また、ハマス系議員、政治家、市長らがイスラエルに大量拘束されている。

ＰＬＯに加盟せず、前回の選挙もボイコットしていたハマスは、予期しなかった勝利に際し、単独政権を作ることはしないとすぐさま言明し、連立政権の成立を目指した。紆余曲折を重ね、ハマス、ファタハに独立系の議員を入れた連立政権が成立したのは、二〇〇七年三月。一年以上も成立に時間がかかったこの政権は、三ヵ月ほどしか維持されなかった。

アザンの訪問直後には、イスラエルによるガザへの大侵攻が起こり、その侵攻がいったん止むと、ガザでは「ファタハとハマス」間の抗争が勃発した。その頂点に達したのが、〇七年六月中旬。ハマスがガザ市の治安警察本部を占拠、「ガザ地区を掌握した」と発表し、ファタハの幹部の多くはガザを脱出した。アッバスは「ハマスがクーデタを起こした」と激怒し、ハマスのハニヤ首相を解任し、内閣解散を発表。非常事態宣言を出し、緊急内閣を一方的に作った。この内閣には法的根拠がないと、パレスチナ人法学者たちは批判したが、評議会も開かれないまま、アッバスの作った内閣が政権を握っている。米国、ＥＵ、イスラエルはこのアッバス体制を支持した。

この「クーデタ」劇には、ブッシュ政権が陰で操っていたファタハのムハンマド・ダハランが関与していることが今ではわかっている。ダハランは治安担当顧問で、アッバスを支える三頭体制のうちのひとりであり、オスロ体制のスタートから自治政府が行なった「反体制」派への取締り、拷問で名を馳せていた人物だ。とくにハマスメンバーへの拷問は苛烈だったことが知られている。FBIおよびCIAとも密接に協力してきた。

ダハランは、パレスチナに内戦を引き起こし、選挙で選ばれたハマスを権力から追放するというブッシュ政権の立てた計画の大事な駒だった。ライス国務長官と国家安全保障顧問エリオット・エイブラムズが立ち回り、ダハラン指揮の元に武器や資金を用意し、ファタハの治安部隊に訓練を与え、ハマスを武力で倒すことが画策されていた。(これは米国の総合誌「ヴァニティ・フェア」二〇〇八年四月号が、「怒れるブッシュ政権元官僚、現官僚たちからの証言と公文書」を元に暴露した)。しかし、結果としては、その前にハマスがダハラン一派をガザから追い出すということになった。

合州国は中南米で繰り返してきたことをパレスチナでも行なおうとしたわけだ。目論見どおりには行かなかったが、パレスチナはハマスが掌握するガザと、アッバス体制がしかれている西岸に分かれ、イスラエルも米国も、アッバス体制だけを支持し、その内閣をパレスチナの代表として扱っている(日本もその一員である)。オスロ体制から引き続いている米国に依存した「自治」政府がこれで温存された。民主的選挙の結果は覆され、「穴だらけのチーズ」をありがたくいただく体制が西岸ではハマスの活動を非合法とした。今、アザンが西岸に行っても、〇六年に聞いたのと同じ言葉が人々から出てくるという保証はない。

ガザは〇七年九月に「敵性地域」であるとイスラエル治安閣議によって指定された。イスラエルは封鎖を強め、電力や燃料などの供給を制限し始め、ガザを兵糧攻めにするという作戦に出ている。暗殺攻撃や侵攻も続き、〇八年三月には一週間で一二〇人が殺されるという侵攻がなされた。食糧も医療品も不足し、わずかに成り立っていた花や農産物の輸出もできず、小規模工場も完全に操業停止に追い込まれている。蔓延する貧困のなかでガザの人道的状況は危機にあると数々の国際人権団体がアピールを出しているが、それでも、これを書いている現在、イスラエルの閣僚たちは、さらにガザに大規模な地上侵攻を行なうと脅しをかけている。

国家のかたち

〇七年一一月、ブッシュ政権の主導で、オルメルト・イスラエル首相、アッバス・パレスチナ自治政府大統領が和平交渉の再開を発表するというアナポリス中東和平会議が開催された。ほとんど中身はなく、「政治ショーの色彩が濃い」と評されたこの会議で、ブッシュは「イスラエルがユダヤ人のホームランドであるように、パレスチナ人のホームランドとしてパレスチナ国家を樹立する」と演説し、「米国はユダヤ人国家としてのイスラエルの安全保障に関与する」とまで付け加えた。これだけでここで言う「和平」の方向性は見て取れる。

イラク戦争により泥沼を作り上げた大統領として終わることを避けたいとするブッシュは、残った任期のなかで曲がりなりにも「パレスチナ国家樹立」を成し遂げ、ホワイトハウスの前の芝生で後世に残る写真を撮ることに賭けたようだ。そこで言われている「パレスチナ国家」とは、イスラエルに都合のいい体裁を取るものでしかない。そのためにハマスを排除し、言うことをよく聞くアッバスというパートナーが選ばれた。

このアナポリス会議に出席する前、オルメルトはひとつの文書を準備のために読んでいた。これは決裂した二〇〇〇年のキャンプ・デービッド会談の内容を、会談直後にイスラエルの政治、治安の専門家たちがまとめた「パレスチナ人との政治プロセスの情勢」と題されたものだった。この文書がイスラエルのメディアにリークされ、バラク首相（当時）の「寛大な申し出」をアラファトが拒絶したとずっと言われ続けてきた会談から七年後にその内容が初めて公的に明かされた。バラクが占領を終結し、パレスチナ国家の創設を認めるために主張した主な点を挙げると、

一　イスラエルの入植地群は保持され、西岸の入植者の八〇％はイスラエルに併合される。
二　イスラエル軍に管理される広い「治安地区」が、死海から北端の入植地までヨルダン渓谷沿いに保持される。
三　東エルサレムについては、イスラエルが一九六七年に併合した部分に沿って、イスラエルが広い地域の権利を持つ。

この条件だとパレスチナ人のために残された土地は、元々のパレスチナの一四％にも満たないものとなる（これにほぼ重なる内容が左頁の地図「イスラエルによる提案　二〇〇〇年五月」）。これが「寛大な」申し出と言われていたものの中身だった。ほかにエルサレム旧市街の分割で食い違い、難民の帰還権、パレスチナ国家による軍隊の保持、制空権などをパレスチナは拒否されていた。イスラエルとの交渉のために、多くのものを捨ててきたアラファトでさえ、どうしても飲むことはできない内容だったとわかる。

入植地で西岸は切り刻まれ、しかも、東エルサレムの入植地群で完全に分断される。エルサレムは西岸から切り離され、小さな泡のような中に東エルサレムのパレスチナ人は閉じ込められる。ヨルダン渓谷沿いの肥沃な土地（西岸の五分の一）は奪われ、ヨルダンへのアクセスもままならない。

◆イスラエルによる提案　2000年5月

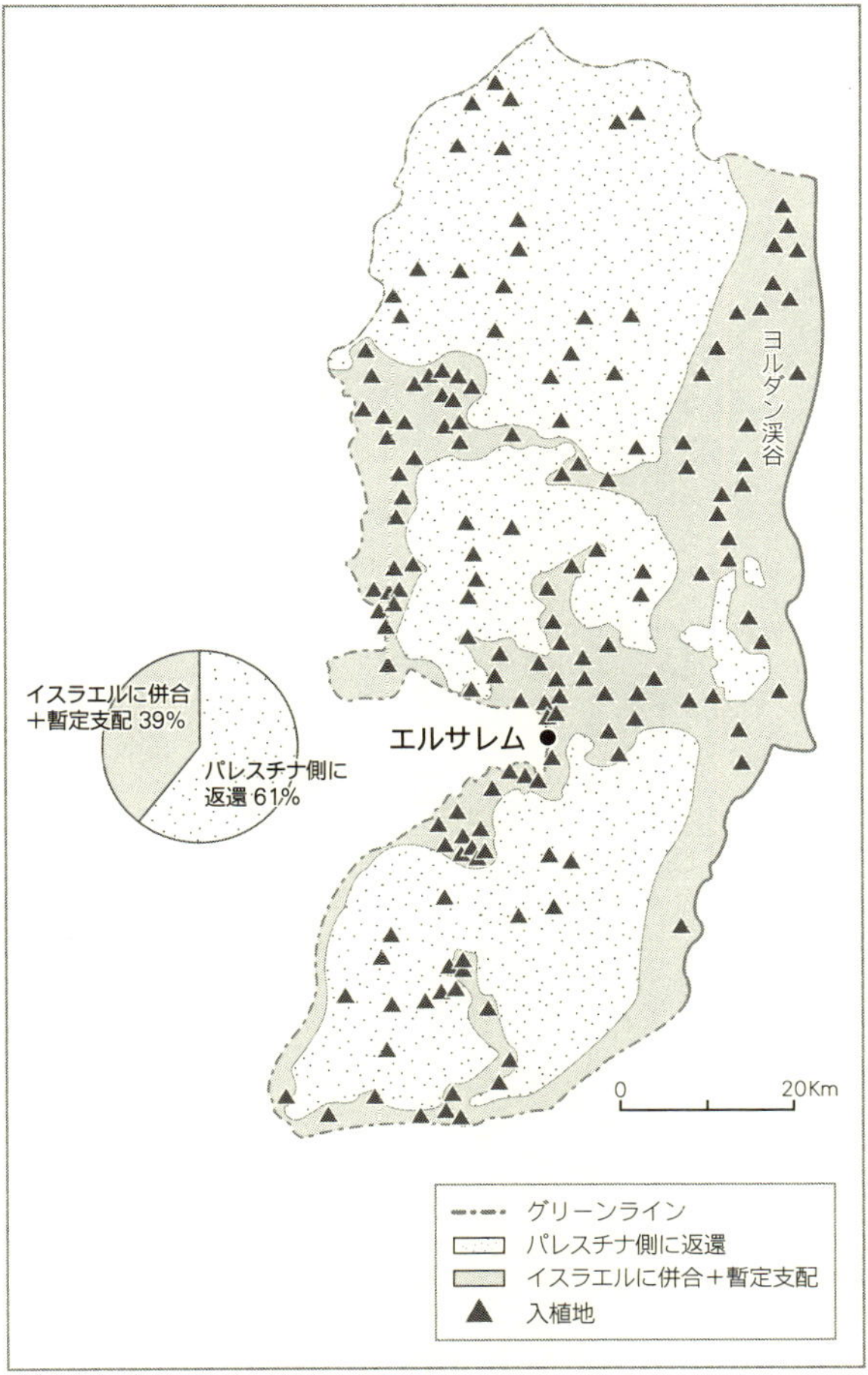

West Bank Final Status Map Presented by Israel FMEP Map, Jan de Jongに準拠

どこかで見たことがあるような状況だ。そう、これは今の西岸の姿と変わらないものなのだ。シャロンが作り始めた隔離壁がこの姿をよりくっきりと浮かびあがらせている。ヨルダン渓谷ではすでにそこの住人たちを除いて、出入りができなくなっていて、ほとんどの土地がイスラエルの管理下にある。(このヨルダン渓谷で、イスラエル、ヨルダン、パレスチナの協力のもと、農業団地などの開発を行なおうとしているのが、日本政府が提唱し、推進している「平和と繁栄のための回廊構想」なるものだ。地元のパレスチナ人にとっては、なぜ占領者との協力が必要なのかわからないものとなっている)。つまり、この二〇〇〇年のバラク提案の内容は、イスラエルが目指す基本形を示している。この状況を作り出すため、既成事実が次々と積み重ねられてきた。隔離壁がそれを仕上げした。シャロンの後継者であるオルメルトも和平交渉でほぼこれに近いものを目指すだろうということは容易に想像がつく。アナポリス会議前にこのバラクの提案を予習していたのは示唆的だ。

今、和平交渉で目指されているのは、すでに現実化している状況を、パレスチナ「国家」という形でパレスチナ人に受け入れさせることだ。ところがパレスチナ人は自分たちが生きている現実から、もう知ってしまっている。切れ切れにされて領土としての一体性を持たず、独立した経済的基盤もほとんど失っているこの状態を国家とは呼べないことを。あり得るとしたら、本当に南アフリカがアパルトヘイト時代に作り出したバンツースタンと同じ疑似国家でしかない。

イスラエルが望むような既成事実が積み重ねられるほど、パレスチナのなかでは二国家解決が何も解決しないことが皮肉にも明確になってきた。そもそも、今、目指されているのは、二「国家」でもなく、ひとつの人的集団がもう一方の人的集団を永続的に従属させていくシステムであることがあらわになっているからだ。そして、パレスチナでは一国家解決を支持する声が高まりをみせている。

二〇〇七年一一月、世界に離散しているパレスチナ人や西岸、ガザのパレスチナ人、イスラエル内のパレスチナ人、また少数ではあるがイスラエル内外のユダヤ人たちが連名で「一国家宣言」を発表した。そこにも名を連ね、ガザで作られた「民主的一国家グループ」に参加しているアル・アクサー大（ガザ）のハイデル・イード博士は、様々なバックグランドを持つパレスチナの異なる活動家集団が、民主的な一国家を作ることで中東に正義をともなった和平を進めるために結集したと語っている。「私たちは一国家解決が中東に包括的な和平を保証する唯一の実行可能な選択であることを信じています。宗教にも人種にも性別にも関係なく、すべての市民が全パレスチナの土地のうえに、世俗的で民主的な国家を作る——パレスチナ難民たちが帰還した後で——ことが中東の紛争を解決すると強く信じているのです。南アフリカやアイルランドで起きたことがまさにそうでした。民族・宗教のバックグランドに根ざした排他性によるのではないのです。国家を民族や人種、宗教に基づいて創るのは、すでに時代錯誤となっています」。(〇八年三月)

確かに一国家解決だけが、世界に離散している五百万人のパレスチナ難民の帰還権を保証し、イスラエルで二流市民とされて生きる「イスラエル・アラブ」と呼ばれる一二〇万人のパレスチナ人への差別体制を解き、ユダヤ人だけが特権を持ついびつな構造を終わらせることができる。パレスチナ人が自分たちだけのための国家を要らないということ、これがイスラエル政府の最も恐れていることだ。

＊

イスラエルは今もなお入植地の拡大を行なっている。〇六年に四六万人だった入植者人口は五〇万人へと向かいつつある。入植地拡大の決定にうわべだけの批判を行ないながら、アッバスの自治政府はイスラエルとの協議を重ねている。

イスラエルが建国されて六〇年――多くのパレスチナ人が自分の土地を追われて六〇年になる今年、米国や国際社会の後押しによって「パレスチナ」と名付けられた場所が鳴り物入りで世界に披露される可能性は高いのかもしれない――ブッシュが夢見るように。

しかし、これは「パレスチナ問題」を何も解決しない。むしろ、そこからまた新たな闘いが始まると考えられる。南アフリカ方式の「一人一票」の平等を求める運動がうねりをもって始まる可能性が高い。エリック・アザンが書き記したパレスチナ人の言葉は、何十年と追放、占領、併合に向き合ってきた人々の簡単には折れない芯の強さを示している。

（二〇〇八年五月）

◆パレスチナの歴史的変遷図

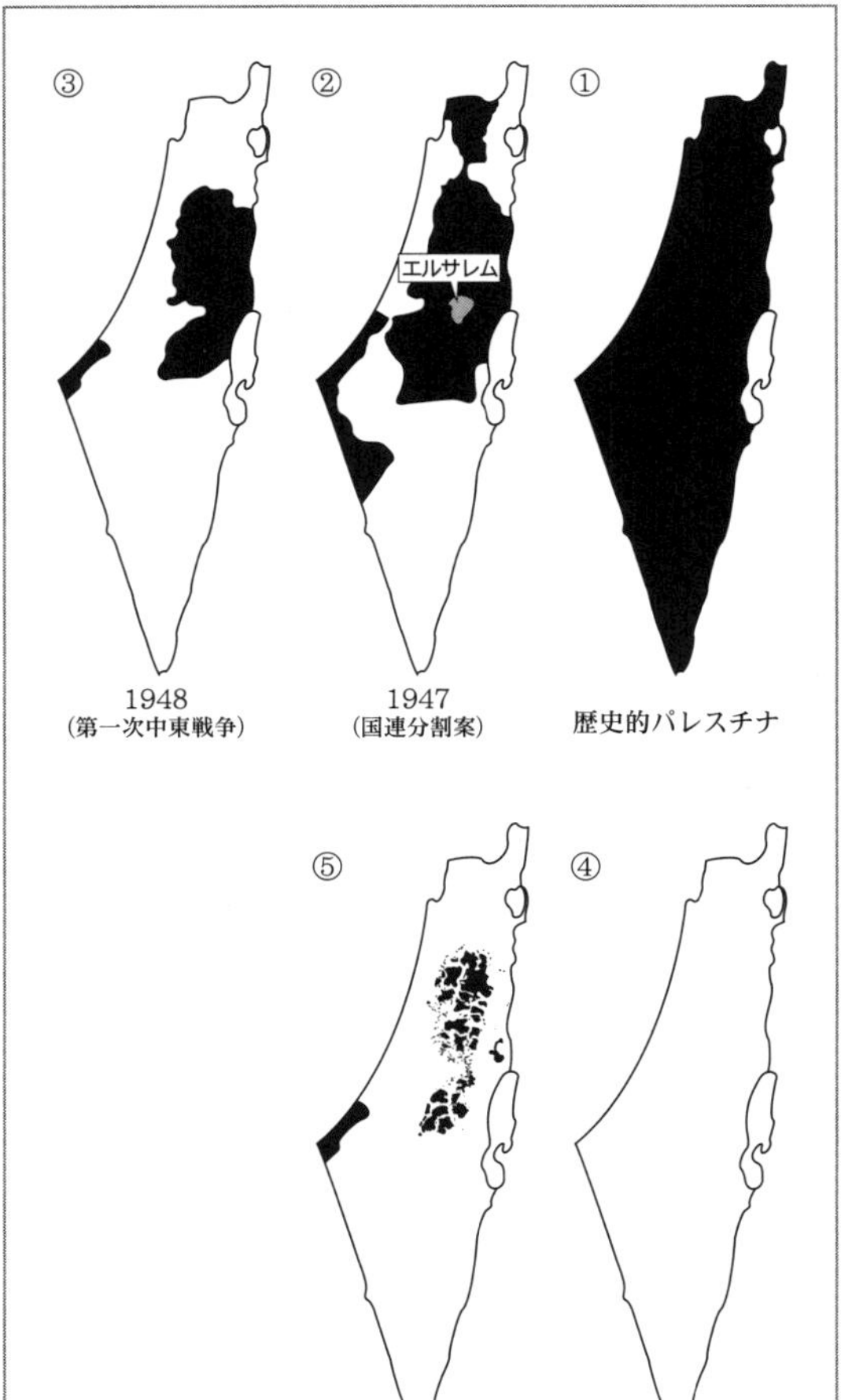

訳者あとがき

本書は、Eric Hazan, *Notes sur l'occupation : Naplouse, Kalkilyia, Hébron*, Paris: La fabrique, 2006. の全訳である。

著者アザンは、二〇〇六年の五月と六月、ヨルダン川西岸にあるパレスチナの三都市——ナブルス、カルキリヤ、ヘブロン——を訪問した。本書はその記録である。その少し前に、パレスチナで行なわれた選挙ではハマスが勝利を収めた。米国や欧州連合は、パレスチナに選挙を求めておきながら、民主的な選挙で人々がハマスに投票すると、すぐさま声を大にして非難をはじめ、パレスチナへのボイコットを行なった。日本でも勝手な偏見と決めつけに基づく記事がメディアをにぎわす中、本書はパレスチナ西岸に暮らす人々が、日常の中で何を感じ、何を考えて投票したか、偏見に歪んだ決めつけとはまったく異なる世界を伝えている。

＊＊＊

著者アザンは、ユダヤ系のフランス人で、異色の経歴を持っている。アルジェリア戦争（一九五四年から一九六二年まで続いた、フランス支配に対するアルジェリア独立戦争）の際にアルジェリア民族解放戦線（ＦＬＮ）に参加したのち、一九七五年には外科医の資格を取って、フランス＝パレスチナ医師協会を創立し、戦下のレバノンで医療活動を行っている。その後、父親が経営する出版社の編集者となるが、その出版社がフランスの大出版コングロマリットに買収されたのち、辞任。一九九八年には自ら出版社「La fabrique」を創設した（フランス語版ウィキペディア http://fr.wikipedia.org/wiki/Eric_Hazan およびネット上のいくつかの情報源から要約）。

その間、パレスチナ問題をめぐって発言してきたほか、自身の出版社「La fabrique」からエドワード・サイードの著作のフランス語訳、イスラエルの平和活動家の論集、サイードなどとともにパレスチナ・ナショナル・イニシアチブを創設したムスタファ・バルグーティのインタビューなど、パレスチナとイスラエルに関する様々な本を出版している。本書の原書もまた La fabrique から出版されている。

＊＊＊

訳者が原書を最初に手にしたのは二〇〇六年の末、しばらくパリに滞在していたときだった。そのとき、少しずつ心に染み込んでくるような独特の印象を受けたが、パレスチナを扱った出版物は日本語では少なくなかったし、翻訳を考えはしなかった。翻訳に踏み切ったのは、約一年後、二〇〇七年一二月一日に東京で行なわれたパレスチナ反アパルトヘイトウォール草の根キャンペーンのファトヒ・クデイラートさんによる講演会を聞いたあとのことだった。

どうしてか、講演会を聞いて、最初に本書を読んで受けた独特の印象の正体が少しつかめたように思えたためである。それを少し言葉にしてみよう。

第一に、本書では、著者が訪れた西岸の三都市——ナブルス、カルキリヤ、ヘブロン——に暮らす人々の状況がとても淡々としたトーンで描き出される。

書誌情報の欄をご覧いただければわかるように、パレスチナ訪問記やルポルタージュはこれまでに何点か日本語で出版されている。森沢典子さんの『パレスチナが見たい』のように、希有の人柄が彼我の距離を乗り越える役割を果たし、パレスチナの世界が親密に描きだされるもの。土井敏邦さんによる、誠実さとジャーナリストとしての力が同居している、優れた現地ルポとインタビュー。

古居みずえさんの映像や著作のように、長い時間をかけて培われた信頼関係にもとづいて表現されたもの。

本書の淡々としたトーンは、それらのいずれとも異なる。一方で、著者は淡々と、だが限りなく深く、パレスチナの現実を前に途方に暮れる。あたかも、その場にいて、目で見て耳で聞くことから先へは決して進めない何かが、パレスチナの人々と著者のあいだにあるかのように、そして途方に暮れることだけが唯一許された連帯の表明であるかのように。他方で、著者自身がアルジェリア独立戦争の際に抵抗運動のただ中を生きたためであろうか、ほとんど誰よりもパレスチナに暮らす人々とはるかに近いところにいる（恐ろしいまでの不正義がイスラエルによって加えられている占領下の生活を、それでもそこにある社会的連帯がゆえにいつの日かパレスチナの人々が「古き良き時代」として回顧するかもしれないという、驚くべき発言は、そんなところから飛び出してきたのかもしれない）。

著者のそうしたトーンが写し取っているのは、日常生活に何か恐ろしい事件が起こる光景ではない。そうではなく、日常生活そのものの中に不気味な恐ろしさが入り込み、それが日常生活の一部となるような占領下の状況である。

第二に、やはりパレスチナの人々に対する著者の隔たりと近さの奇妙な同居がもたらしたのであろうか、本書に現れる人々、そして本書で言及される人々の多様性がある。イスラエルが仕掛けた自動車爆弾で両足を失った、世界的に著名な元ナブルス市長バッサム・シャカアのような政治畑の人。二〇〇六年にパレスチナで行なわれた選挙で勝利を収めながら米国や欧州諸国の非難とボイコットの対象になったハマスの政治家たち。ラジオ・ナジャハの主催者のようなメディア活動家。本を売ったり石鹸を作ったり、苗木を売る人たち。そして、パレスチナ人と結婚してヘブロンに住むヨルダン人女性のように、記述が限りなく曖昧なままにとどまる、何か特別な背景のありそうな人。本書に登場する人々の中には、自ら著者アザンに向かって語る人もいれば、ただそこにいて描写されるだけの人もいる。

本書は、遠く離れた別のところに暮らしているパレスチナの人々が、本書という機会を通して他の人々に改めて語りかけている声を伝えているわけではない。むしろ本書は、壁を隔ててすぐ隣に暮らすパレスチナの人々の声を、ほとんど無媒介に、私たちが日常生活を暮らす中に送り届けているかのようである。

本書を読む途上で、ネオリベラリズムが席巻する日本で貧困に追いやられた人たち、私のすぐ身近にいるはずの人々のことが訳者の頭に浮かんできた。一つの社会を共有して暮らしていく日常の中で身近にある不正義。好むと好まざるとにかかわらず、パレスチナの人々は、ただ隣にいる。それが、改まった頭でっかちの道徳的な観念ではなく、単に動かしがたい事実であることに、本書を読む私たちは、いつのまにか気づかされている。

＊＊＊

二〇〇八年五月には、イスラエルは「建国六〇年」を迎える。したがって、パレスチナの人々にイスラエルが加え、国際社会があるいは強いあるいは黙認してきた巨大な不正義と弾圧も、少なくとも六〇年におよぶことになる。イスラエルによるパレスチナの占領と弾圧、日々の締め付けは、出口の見えないまま、どんどん進められている。

本訳者あとがきを書いている最中の二〇〇八年二月二七日（水曜日）から、イスラエル軍はガザに攻撃を加えた。ガザのジャバリヤでサッカーをしていた七歳、八歳、一一歳、一四歳の子どもが戦闘機から撃たれて死亡。三月五日、イスラエルが軍を引き上げると発表したときまでに、犠牲者は一〇〇人を超えた。

従兄弟を失った少年。息子を失った、幼い娘を亡くした親。どんなトラウマを抱え、どれほど大きな悲しみに胸を引き裂かれ、どれだけ涙を流しただろう。それでも、ガザで、西岸で、パレスチナの人々は日々の生活を続けてゆく。雨の日には傘をさし、子どもたちは学校に通い、農民は畑に出て商店は毎朝店を開ける……。

本書を読まれた皆さんが、日常生活の中で、この理不尽な世界を変えていく少しの種を蒔いていくことを願っています。

＊＊＊

翻訳にあたっては、訳文の読みやすさ、地名や人名の表記、註などについて、パレスチナ情報センターのみなさん、とりわけ安藤滋夫さんに、そして、ナブルス通信のビー・カミムーラさんに、お世話になりました。ビー・カミムーラさんにはパレスチナの解説を書いていただきました。遠山なぎさんは日本語版のためにすばらしい地図を作製して下さいました。出版にあたっては、『ファルージャ二〇〇四年四月』に続き、現代企画室の小倉裕介さんと太田昌国さんに企画段階から助けていただきました。ここに名を挙げた皆さん、そして間接的に色々なことを教えて下さった皆さんに、深く感謝します。

二〇〇八年三月九日　沈丁花香る早春の三島にて

益岡賢

『パレスチナ・オリーブ』
http://www5a.biglobe.ne.jp/~polive/
パレスチナ農業団体「ガリラヤのシンディアナ」の商品の卸しと販売。オリーブオイルや本書にも登場する石鹸工場の石鹸などを扱っている。

『JVC　日本国際ボランティアセンター』
http://ngo-jvc.net
現地に駐在員を派遣し様々な支援活動や情報発信を行っている団体。

『パレスチナ子どものキャンペーン』
http://www32.ocn.ne.jp/~ccp/
難民も含めたパレスチナの子どもの支援を中心に取り組む団体。

『パレスチナの子供の里親運動（JCCP）』
http://www5e.biglobe.ne.jp/~JCCP/
レバノンのパレスチナ難民キャンプの子どもたちの自立支援に取り組む団体。

『日本パレスチナ医療協会（JPMA）』
http://www1.ttcn.ne.jp/~jpma/
医療支援を中心に取り組む団体。

【訳者サイト】
『益岡賢のページ』
http://www.jca.apc.org/~kmasuoka/
翻訳を中心にコロンビア、イラク、パレスチナなどの情報を紹介。

『ファルージャ 2004年4月ブログ』
http://teanotwar.seesaa.net
翻訳を中心にイラク情報を紹介。

ラエルの共生を模索するイスラエルのグループ「AIC」のサイト。

『International Solidarity Movement』
http://www.palsolidarity.org/main/
ISM（国際連帯運動）のサイト。反壁抗議運動やテル・ルメイダ日誌などの現地報告が多数。

『Breaking The Silence』
http://www.breakingthesilence.org.il
イスラエル軍兵士の証言を集めて公表したりヘブロンのガイド・ツアーなどを行っているグループ「沈黙を破る」のサイト。

『An-Najah Radio Station』
http://www.najah.edu/ENGLISH/najahfm/home.htm
ナブルスの独立ラジオ局「ラジオ・ナジャハ」のサイト。インターネットにて生放送も配信。

『Christian Peacemaker Teams』
http://www.cpt.org
主に北米のクリスチャンによる「クリスチャン・ピースメーカーズ・チーム」（CPT）のサイト。パレスチナでは長年ヘブロンに拠点を置いて人権侵害抑止のための監視活動などを行っている。

【日本でのパレスチナ関連団体等のサイト】
『パレスチナの平和を考える会』
http://palestine-forum.org
関西を拠点にイベントや情報誌発行を行っているグループ。

『ミーダーン〈パレスチナ・対話のための広場〉』
http://midan.exblog.jp
東京を拠点にイベントや情報発信を行っているグループ。

［英語］

『EI: The Electronic Intifada』
http://electronicintifada.net
離散のパレスチナ人らによって運営されるパレスチナ／イスラエルに関する総合情報サイト。

『IMEMC News』　http://imemc.org
パレスチナ発のニュースサイト。速報性も高く、日本のメディアでは得られない様々なニュースが発信されている。

『PCHR（パレスチナ人権センター）』
http://pchrgaza.org
世界的に著名な人権弁護士ラジ・スラーニが主催するガザの人権団体。パレスチナの人権状況に関する詳細な調査報告を発表している。

『Stop The Wall』
http://stopthewall.org
パレスチナのNGO反アパルトヘイトウォール・キャンペーンによる「壁」問題に特化したサイト。

『Rafah Today』
http://rafahtoday.org
ガザ地区ラファ在住のジャーナリスト、ムハンマド・オメールによるガザの現状レポート。

『B'TSELEM』
http://www.btselem.org/English/
占領地における人権のためのイスラエル情報センター。人権侵害の証言やデータに定評がある。

【本書に関連するサイト】
『The Alternative Information Center』
http://www.alternativenews.org
ミシェル・ワルシャウスキーらによるパレスチナとイス

でもあり、故郷にいながら周囲からはよそ者扱いされるイスラエル在住のパレスチナ人。その不条理な現実をシニカルに描くパレスチナ文学の代表作
エミール・ハビービー／訳：山本薫『悲楽観屋サイードの失踪にまつわる奇妙な出来事』（作品社）2006年

パレスチナ関係の主なウェブサイト

【情報サイト】
［日本語］
『パレスチナ情報センター』
http://palestine-heiwa.org
パレスチナ／イスラエルに関する総合情報サイト。ウェブに日本語で発表されている主要記事をアーカイブ。

『パレスチナ・ナビ』
http://onweb.to/palestine/
主に翻訳ものを中心とするパレスチナ情報サイト。メールマガジン『ナブルス通信』も発行。

『P-navi info』
http://0000000000.net/p-navi/info/
『パレスチナ・ナビ』編集者によるブログ。ニュース速報や英語記事のダイジェスト、イベント情報なども。

『アル・ガド』
http://d.hatena.ne.jp/al-ghad/
パレスチナ／イスラエル関連を中心としたイベント、テレビ番組、書籍、映画などの情報サイト。

同じく2002年、激しい攻撃を受けるナブルスでISM（国際連帯運動）の非暴力直接行動に参加した際のレポートなどが書かれた
清末愛砂『パレスチナ—非暴力で占領に立ち向かう』（草の根出版会）2006年

【ルポルタージュ】
混迷の度合が深まるばかりの2003年、パレスチナとイスラエル双方の様々な現場の当事者を取材した
土井敏邦『パレスチナの声、イスラエルの声』（岩波書店）2004年

2002年4月、イスラエル軍の大規模な侵攻により多数の死傷者を出したジェニン難民キャンプのレポート
土井敏邦『パレスチナ・ジェニンの人々は語る』（岩波書店）2004年
（土井敏邦のパレスチナに関する著書は、他にも多数ある）

主にパレスチナの女性に焦点を合わせて取材してきた著者による
古居みずえ『インティファーダの女たち（増補版）』（彩流社）1996年
古居みずえ『ガーダ—女たちのパレスチナ』（岩波書店）2006年
（古居みずえ監督作品として映画『ガーダ—パレスチナの詩』2005年、（DVD販売元：MAXAM、2007年）

【フィクション】
占領下のラマッラーで誇りと希望を失わずいつか自由をと願いながら暮らす少年たち。主人公の少年とともに12歳の目線に立って経験する占領のなかの冒険物語
エリザベス・レアード／ 訳：石谷尚子『ぼくたちの砦』（評論社）2006年

祖国にあって祖国を失い、故郷にいるのにそこは「敵国」

ルティ・ジョスコヴィッツ『(増補新版) 私のなかの「ユダヤ人」』(現代企画室) 2007年

【米国】
米国とイスラエルの関係を分析したものとして
佐藤唯行『アメリカはなぜイスラエルを偏愛するのか―超大国に力を振るうユダヤ・ロビー』(ダイヤモンド社) 2006年

米国在住のユダヤ人による著書として、一部の有力なユダヤ系米国人がいかに虚偽に満ちたイスラエル擁護のプロパガンダを展開しているかを辛辣なユーモアをまじえつつ徹底的に批判した
ノーマン・フィンケルスタイン/訳:立木勝『イスラエル擁護論批判―反ユダヤ主義の悪用と歴史の冒涜』(三交社) 2007年

同著者による、米国政権の後押しを受けた一部のユダヤ人エリートがホロコーストをネタに大金をせしめている事実を批判しホロコーストが政治・経済的に利用価値のあるものとして特権を得るに至った経緯などを論じる
ノーマン・フィンケルシュタイン/訳:立木勝『ホロコースト産業―同胞の苦しみを「売り物」にするユダヤ人エリートたち』(三交社) 2004年

【滞在記】
パレスチナを訪れた著者が、歩き、話し、おののき、呆れ、憤る、異色のコミックス
ジョー・サッコ/訳:小野耕世『パレスチナ』(いそっぷ社) 2007年

2002年、イスラエルによる大規模な侵攻と再占領によって情勢が悪化するパレスチナを訪れた著者による
森沢典子『パレスチナが見たい』(阪急コミュニケーションズ) 2002年

もなくイスラエル人でもなく』（聖公会出版）2004年

イスラエル人ジャーナリストによる著書として、占領地で暮らしイスラエルの新聞で占領の実態を執筆し続ける著者によるレポート
アミラ・ハス／訳：くぼたのぞみ『パレスチナから報告します―占領地の住民となって』（筑摩書房）2005年

激しい非難に晒されながらもシオニズムを批判し共生を訴え続けるイスラエル人歴史家による講演録
イラン・パペ／編訳：ミーダーン〈パレスチナ・対話のための広場〉『イラン・パペ、パレスチナを語る―「民族浄化」から「橋渡しのナラティヴ」へ』（柘植書房新社）2008年

近代の国民国家思想・ナショナリズムに起因する「ユダヤ人」問題、シオニズム、イスラエル国家についての論考
早尾貴紀『ユダヤとイスラエルのあいだ―民族／国民のアポリア』（青土社）2008年

世界中からイスラエルに「帰還」してきたユダヤ人がアラブ・パレスチナの歴史と文化を収奪・吸収しつつ発展させてきたシオニズム文化について
田浪亜央江『〈不在者たち〉のイスラエルー占領文化とパレスチナ』（インパクト出版会）2008年

【ユダヤ人】
イスラエル建国神話と「ユダヤ民族」を強引に実体化しようとする語りによって隠されてきた東洋系ユダヤ人の実像を描くことでユダヤ人とは誰かを問う
臼杵陽『見えざるユダヤ人』（平凡社）1998年

両親や祖先らの通ってきた過酷な迫害の歴史と、イスラエルを批判する立場へ転じた自らの思索の軌跡が描かれた

ハナン・アシュラウィ／訳：猪俣直子『パレスチナ報道官・わが大地への愛』（朝日新聞社）2000年

オスロ合意については、デービッド・バーサミアンによるエドワード・サイードへのインタビュー
エドワード・サイード／訳：中野真紀子『ペンと剣』（ちくま学芸文庫）1998年
（エドワード・サイードのパレスチナ関連の著書は、他にも多数）

【イスラエル】
イスラエル人によるイスラエルの分析として、アリエル・シャロンを軸にパレスチナ・イスラエル紛争史を描くことによってイスラエル社会の矛盾を暴く
バールフ・キマーリング／訳：脇浜義明『ポリティサイド―アリエル・シャロンの対パレスチナ人戦争』（柘植書房新社）2004年

同じく、イスラエル建国神話の虚構とイスラエルの現状批判を軸に「シオニズムの次に来る社会」を模索する
トム・セゲフ／訳：脇浜義明『エルヴィス・イン・エルサレム』（柘植書房新社）2003年

イスラエル軍に対するイスラエル国内の動きについては、本書にも登場する「沈黙を破る」に関して
土井敏邦『沈黙を破る―元イスラエル軍将兵たちの証言』（岩波書店）2008年

兵役拒否の動きに関して
ペレツ・キドロン編著／訳：田中好子『イスラエル・兵役拒否者からの手紙』（日本放送出版協会）2003年

イスラエル国内のパレスチナ人の著書として、「アラブ人・パレスチナ人・キリスト者・イスラエル人」と自らを規定する著者が個人的な体験を通して歴史を語る
リア・アブ・エル＝アサール／訳：輿石勇『アラブ人で

パレスチナ関係の主な書籍

入手可能なものを中心に掲載した（現在古本でしか手に入らないものでも、インターネットを利用するなどすれば比較的入手しやすそうなものは含めている）。

【歴史】
パレスチナ／イスラエルの歴史を概観する書籍は多いが、入門書としては、内容が濃くシオニズム運動以降のパレスチナ問題の展開をバランスよく紹介している
奈良本英佑『新版　君はパレスチナを知っているか』（ほるぷ出版）1997年

さらに詳しい歴史については
奈良本英佑『パレスチナの歴史』（明石書店）2005年

長年パレスチナに関わってきたジャーナリストである著者が歴史と自身の体験をコンパクトにまとめた
広河 隆一『パレスチナ新版』(岩波新書) 2002年
（広河隆一のパレスチナ関連の著書は、他にも多数ある）

離散のパレスチナ人歴史家による写真や図版、資料が豊富な歴史書
エリアス・サンバー／訳：福田ゆき、後藤淳一『パレスチナ―動乱の100年（「知の再発見」双書）』（創元社）2002年

イスラエル建国の実態とパレスチナ難民の起源については
藤田進『蘇るパレスチナ―語りはじめた難民たちの証言』（東京大学出版会）1989年

和平交渉については、和平プロセスに深く関わりパレスチナ代表団の報道官として活躍した著者が中東和平協議の舞台裏を紹介する自伝的内容の

【訳者紹介】

益岡賢

翻訳家。1990年から東ティモールの連帯運動に参加。著書に『東ティモール―奪われた独立・自由への闘い』（共著、明石書店、1999年）、『東ティモール2―住民投票後の状況と正義の行方』（共著、明石書店、2000年）、訳書に訳書にノーム・チョムスキー『アメリカが本当に望んでいること』（現代企画室、1994年）、『アメリカの人道的軍事主義』（共訳、現代企画室、2002年）、ウィリアム・ブルム『アメリカの国家犯罪全書』（作品社、2003年）、ラフール・マハジャンほか『ファルージャ2004年4月（共編訳、現代企画室、2004年）などがある。個人ウェブサイト http://www.jca.apc.org/~kmasuoka

【制作協力者紹介】

パレスチナ情報センター

http://palestine-heiwa.org

様々なかたちでパレスチナと関わりを持つ、国内外の有志によって運営されるパレスチナ／イスラエルに関する総合情報サイト。オリジナルの記事やスタッフによるコラム、書籍紹介や関連サイトへのリンクのほか、ウェブに日本語で発表されている主要記事のアーカイブなどがある。

【解説者紹介】

ビー・カミムーラ

2002年よりパレスチナ－イスラエル問題に関するレポートや情報を発信するメールマガジン「ナブルス通信」を発行している。翻訳ものが中心。その後、通信に漏れた日々のニュースなどを中心としたブログ「P-navi info」も運営を始めた。関西を中心にゲリラ的にパレスチナ関連の映画・イベントなどを行う活動にも参加している。

占領ノート　一ユダヤ人が見たパレスチナの生活

発行　2008年10月25日　初版第一刷　1500部

定価　1500円＋税
著者　エリック・アザン
訳者　益岡賢
制作協力　パレスチナ情報センター（安藤滋夫）
ナブルス通信
地図製作　遠山なぎ
装丁　本永惠子
発行者　北川フラム
発行所　現代企画室
〒150-0031　東京都渋谷区桜丘町15-8-204
Tel 03-3461-5082　Fax 03-3461-5083
E-mail gendai@jca.apc.org
URL http://www.jca.apc.org/gendai/
印刷・製本　中央精版印刷株式会社

ISBN978-4-7738-0810-0　C0036　Y1500E